片づける力をつける

急にモノが
増えても、
生活が
変わっても
5分で
片づく家に

片づけコンダクター
橋本裕子

ダイヤモンド社

［はじめに］

はじめまして。片づけコンダクターの橋本裕子と申します。

私は片づけに悩む方のお宅に伺ってパーソナル片づけレッスンを行ったり、セミナーや執筆を通して「暮らしに寄りそう片づけ方」を日々提案しています。自宅を使って片づけの講座も行っており、これまで200人以上の方に参加していただきました。

私たちの人生に同じ日はありません。だから、暮らしも同じようにしていれば、きちんと片づくというものではありません。

私のレッスンでは、その日そのときだけ片づけるのではなく、生活がどんどん変わっても、自力で片づけを続けられることを目指します。その中でも、いきなり、むりにモノをたくさん捨てたりということはしません。自分の好きなものだけを自然と残して、すっきり暮らすのが目標です。

レッスンのあと、お客様からいただく言葉の多くは、「私にも片づけができるんだ！」というもの。みなさんが片づけに自信を持ってくださるのが、何よりうれしいことです。

そもそも、なぜ片づけられるといいのか

たとえ片づけなくても生きてはいけるし、慣れてしまうと、多少の不便も日常のこととなって気にならなくなるかもしれません。でも、片づいていない家は、じつは、確実に日常生活に影響を及ぼしています。

私が片づけを学ぼうと思ったきっかけは、新築の一軒家に越し

てほどなく、「収納スペースが足りない」と思いはじめたことでした。確実に前のアパートよりは広くなっているはずなのに、なぜ片づかないのかが不思議でした。当時の私の口癖は「リフォームしたい」。新築のはずなのに、です。

たとえば、使いたいものがさっと見つからず、あちらこちら探すはめになってしまうと「片づけられない自分はダメな人間だ」「私は昔から本当にこういうことができない」などと思うことはありませんか？　こういう小さな自己嫌悪が頻繁に起こるとどうでしょう。

あるいは、家が散らかるのは夫や子どもが片づけないせい、私が外で忙しくしているから片づけに割ける時間がないせい、収納が足りない間取りのせい……と「何かのせい」にするのは、苦しいことです。

また、片づけに自信がないことは、解決策がない状態でもあります。モノをどこにしまえば良いのかわからない漠然とした不安があることも、日々のイライラの原因になるでしょう。

片づけができないだけで、じつはこうした日々のイライラは、気づかないうちにたくさん溜まっているのです。

片づけの最大の効果は、イライラがなくなること

片づけができるようになる最大の利点は、こういったイライラ、モヤモヤがなくなることです。

モノが使いやすくなることはもちろんですが、家にいて、精神

的にラクになることがいちばん大きな変化です。

片づかない原因は、仕組みができていないからです。仕組みとは、モノの選び方、戻し方、入れる場所です。これは、知識を知ることさえできれば、生活の中で実践しやすくなります。それができるようになって、すっきりした家の生活のしやすさは格別です。

さきほどの、毎日の小さな自己嫌悪や、家族や家に対するイライラ、ゴールがないという漠然とした不安……そういうものがすっきりなくなる暮らしは、じつに快適です。

私は片づけができるようになって、いつの間にか、不機嫌になることが減りました。以前は、無意識のうちに自分や家族を否定していたのです。もちろん、不機嫌なことはありますが、家が原因ということはほぼなくなり、毎日が暮らしやすくなりました。

収納は、家族の関係もよくする

家族と暮らしている方は、片づけができると家族の関係も良くなっていきます。

片づけの仕組みづくりは「家族も片づけやすいかどうか」がとても重要です。そのためには家族が日々どんな動線で生活しているかをよく見ることになります。

暮らしやすい家をつくることは、家族に関心を持つことでもあります。

また、冒頭で、「好きなモノを残す片づけ」と言いましたが、不要なモノを減らすにあたって「これは残す？　手放す？」と聞いていくうちに、家族が何を大切にしているのかがよくわかってきます。それまでは自分の基準だけでモノを選んでいたとしても、家族の一人ひとりが何を好きなのかがわかってくるのです。

家族も家が片づいていることは嬉しいようで、来客があったときに「うち、こんなのやってるんだよ」と収納棚を開けて自慢してくれたこともありました。

家がいちばん落ち着く場所になる

我が家は特別キレイでもゴージャスなわけでもありませんが、私にとっていちばん落ち着く、居心地の良い場所になっています。

たとえば、カフェなどは、以前は何かに集中したり、落ち着くために行く場所でしたが、今では「気分転換」の場所です。

家は、暮らしの土台です。自分の居場所なのです。

家を暮らしの土台にするのは、心地よさが必要で、それには片づけが必要です。

好きなモノをいやいや手放す必要はない

片づけの仕組みができ、使いたいモノがすぐ取り出せるようになってくると、暮らしのイライラはいつの間にかなくなります。必要な書類はすぐに探し出せる。家族に「あれどこにある？」と聞かれたときに明確に答えられる。むだな自己嫌悪に陥ることもありません。

モノの量も随分減りました。私は、とりわけ食器と服が好きで、特にたくさん持っていました。片づけを勉強する前は、どれも捨てられないと思っていて、食器はキッチンをはみ出して、リビングのほうまで置いていたくらいでした。しかし、少しずつですが、結局食器は食器棚ひとつぶん、服はゴミ袋約10袋ぶんを手放しました。それは片づけをしていく中で、自分にとって必要なものを選び取る力がついたからです。片づけは、自分が何を大切にしたいのか、つまり、自分を知っていく作業でもあります。自分という人間がどんな人間なのかわかるのも片づけのメリットのひとつです。しかも、好きなモノをいやいや捨てたわけでないので、手放して後悔したことはありません。

変化に対応できる力がつく

片づけの力がつくと、変化を受け入れやすくなります。

生きていく限り、生活は必ず変わっていきます。だから、その度に変更が必要です。片づける力がないとその度に中途半端にしたり、ほったらかしにしたりで、家の中の秩序が崩れてしまいます。

家族が増えたとき、子どもが進学したとき、仕事に変化があったとき。

収納の仕組みやルールの見直しができると、生活の変化を受けとめて柔軟に暮らしていくことができます。

この本を通して手に入れられるのは、自分の好きなモノを残し、住みやすく暮らしていく力です。

もしこれを読んでくださっている方の中に、ぜんぜん片づけができていないと悩む方がいても、大丈夫です。片づけは、そんなに難しいものではありません。

ひとつ注意点として、いきなり理想のキレイな状態にしようとは思わないでください。**そのときできる精一杯のことをしましょう**。

まずは小さなスペースを片づけてみましょう。すると気分がすっきりします。そして少しずつ同じことをやっていくうちに、どんどん良くなっていきます。

この本も、自分の気になるところから読んでいただいても大丈夫なように、見開きで読みやすくつくっています。

この本を読んで、最初の仕組みだけつくってしまえば、多少散らかっても5〜10分あれば十分元の状態にリセットすることができるようになるでしょう。ちなみに、私は土日はまったく片づけをしません。ゆっくり過ごしたいからです。それができるのも、5分、10分で戻せるとわかっているからです。

最初の仕組みづくりだけ気合いが必要ですが、それさえ頑張れば、あとはラク！　片づけに時間も意識も取られない生活を手に入れましょう。

片づけの悩みは解決不可能ではありません。人生には悩まなければならないことがたくさんあるのですから、せめて片づけの悩みだけでもなくしていただきたいというのが私の願いです。

2019年2月

橋本裕子

Contents

Chapter of The Rule

片づける力をつけるための5つのルール

Chapter #01 Kitchen

使いやすい冷蔵庫が持てるようになる

chapter #02 living

心地いい家の要、リビングを手に入れる

Contents

Chapter #03 clothes

服は基本的にすべて立てる

Chapter #04 washroom

洗面所にはいろいろ置ける

Chapter #05 entrance

楽しく出かけられる玄関になる

Contents

5つのルール

Chapter of The Rule

片づける力をつけるための

1

01

グループづけをする

片づけにはモノを収める前の手順があります。ここでは、基本のルールを知っておきましょう。

いちばん最初にするべきなのは、収納の土台となる「モノのグループづくり」です。収納したいモノを、あなたが考えるイメージでグループに分けましょう。たとえばマスクなら、連想するのが薬と同じならば薬のグループに、ポケットティッシュと同じならポケットティッシュと同じグループというようにまとめましょう。

ひとつ知っておいてほしいのは、グループづくりには決まりがないこと。**持ち主であるあなたが決めないことには、収納は進みません**。自分がどうすればわかりやすいかを考え、グループにしましょう。もちろん、どのグループに入れていいか悩むモノもありますが、いちばん近いイメージのグループに入れて、必ずどこかに属させます。グループ分けを迷うモノは失くしやすいので、特に強化したいところです。

グループができたら、名前をつけます。しまいやすく、探しやすくなります。たとえばレターセットと切手などのグループなら「手紙グループ」などです。グループ名は「ピカピカ」など感覚的な言葉でもOKです。そして、声に出してみましょう。名前をつけることでグループの存在がしっかりあなたの中に意識づけられます。

1

02

グループづくりをすると、場所を忘れても探し出せる

グループごとに収納がされていると、たとえ自分がしまった場所を忘れてしまっても「あれは××グループだからここだな」とイメージをもとに探すことができます。

逆に、グループづくりをせず、空いているスペースにとりあえずモノをしまうと、その場所を忘れたら最後、見つけるのが難しくなってしまいます。

日ごろよく使うモノは、家の中には2割ほどで、残り8割は月に一度や年に一度くらいしか使用しないモノだと言われます。そんなひとつひとつのモノの置き場所をすべて覚えておくことは難しいことです。

以前テレビで、脳科学者の方が「細かいことをひとつひとつ覚えるよりも、イメージでつかんだほうが覚えられる」というようなことを話していたのですが、収納も考え方は同じです。**イメージからつくったグループがあれば、自分も家族も細かくモノの住所を覚えなくていいのです**。

もし家族とお住まいの方で、モノのイメージが自分と家族とで違うことがあれば、家族のイメージを優先させましょう。「家族に覚えてもらう」よりも「自分が覚える」ほうがずっと簡単だからです。

2

収納する場所をつくる

グループが決まったら「しまう家（収納ケースやかごなど）」をつくりましょう。

収納ケースで重要なのは、それぞれのグループが、「どのくらいのサイズや量があるか」を考えることです。

収納を考える前に、とりあえず何か収納用品を買ってしまうとむだが出やすいので、量を考えて準備しましょう。もし収納用品がすぐ決まらない場合は、紙袋などを代用して様子を見てください。

基本的に、ひとつの収納ケースに1グループを入れるとわかりやすいのですが、量が少ないグループの場合は、収納ケース内に仕切りを入れて、違うグループ同士が混ざらないようにすればOKです。

また、収納ケースは同じスペースで使うものは、できるだけそろえたほうがすっきり見えます。収納用品の色や柄がバラバラだと、それだけで目に入る情報が多くごちゃごちゃして見えます。また、「どんな収納ケースなら取り出しやすいか」も一緒に考えるといいでしょう。

3

便利な場所に置く

さて、グループづくりとしまう家ができたら、次はどの場所に置くかです。**散らかっても元に戻せない家になってしまう最大の原因は「モノが便利な場所にないこと」です。**

まずは、そのグループを「どこでよく使うか」「どこが置きやすいか」といった点から考えます。使う場所や通り道になる場所に置き場をつくることで片づけやすくなります。

使う場所から遠かったり、かがんだり、台に乗らないと取れなかったり、キャビネットの扉が重かったりなど、小さな不便を感じたら、置き場所の変更を考えましょう。知らず知らずのうちに、その辺にモノを放置することが増え、片づけができないサイクルが生まれてしまいます。

また、自分だけでなく、一緒に使う家族も使いやすい場所がベストです。扉を毎回開け閉めするのが億劫だと気づいたら、オープン収納にしたり、置き場所とは違う場所にいつも置くようならば、やはり住所を移しましょう。**また、便利な場所は時間とともに変化していきます。**「普通これはここにあるべき」というイメージにとらわれず、今の自分たちにとって便利な場所はどこかを優先することで、散らかってもすぐに戻せる暮らしができるのです。

4

モノが多い場合は、1軍と2軍に分ける

「モノは少ないのがよし」という風潮ですが、どうしても好きなものは量が増えてしまいますよね。自分の生活が楽しいのがいちばんです。むりに手放すことはありません。多くなるものは、「1軍」と「2軍」に分けるという考え方を取り入れましょう。

まず、モノを、よく使っている「1軍」と、出番の少ない「2軍」に仕分けます。そしていつも使う場所には1軍のモノだけを置き、2軍は別の場所へ。こうするだけで普段使うものが劇的に使いやすくなります。

このステップは、すべてにおいて共通です。洋服やメイク道具、本、キッチンツールなど、好きだけど量が多くて収納に困ると感じたら、1軍と2軍に分けて収納するようにしましょう。ちなみに、もっと多い場合は3軍をつくってもいいでしょう（71ページ参照）。

この「モノの優先順位を決める」習慣をつけると、片づけはぐんとスムーズになります。人それぞれ、使いやすいモノ、好きなモノを無意識に選別はしているものです。それを意識化して分けておくと、これから買うモノや、暮らしの中のモノの優先順位もはっきりします。モノを2軍に仕分けるときに、「なぜこれの出番が少ないのか？」と考えることで、モノを分ける力がついていきます。

5

生活は思っているよりも変化している

収納がうまくいっていて、住む人が心地よく生活できる家では、収納が何年もずっと同じ状態で固定されていることはありません。生活の変化に合わせて収納方法を変えることが、いつでも心地よく過ごせる秘訣です。

生活には、思っているよりも変化が起きるものです。子どもが大きくなるという変化はもちろん、大人でも、趣味が変わったり、できることが増えたり、好きなモノが増えたりなど、変化をしない人はいません。その変化に合わせて、収納も変わって当然と覚えておきましょう。**ポイントは、「一度決めた収納を使い続けなければならない」ではなく、「収納を使いにくく感じたときは、見直しをするタイミングである」ということです**。

たとえば子どもが中学生になって野球部に入ったなら、野球道具を入れる場所を新しくつくるなど、変化を受け入れましょう。人はずっと同じではいられません。生活が変わったそのときに、また収納を変化させることで、住みやすい家になります。

25ページで書いたように、家の中にあるモノのうち、実際に使っているモノは2割だけで、残りの8割はふだん使うモノではないと言われています。その「よく使う2割」をいかに使いやすくするかを考えて、柔軟に収納を変化させていきましょう。

Column 01

そろえるだけでいい

「部屋を片づけなきゃ」と思っても、なかなか手をつけられないことはよくあります。**そんなときは、収納を一から見直そうと壮大なことは考えず、まずすぐ近くにあるものを「そろえる」ことだけやってみましょう。**

テーブルの上に散らばっている紙ものをトントンと四隅をそろえて整える。玄関の靴をそろえる、リモコンの向きをそろえて整列させる。並んでいる収納ボックスの面をまっすぐにそろえる。

すると、それだけで部屋がすっきりしてくることに気づくはずです。

「そろえる」ことは意外とみなさんされておらず、お客様のお宅にオーガナイズ作業に伺った際、「まず、モノをそろえましょう」とアドバイスすることもあります。そろえるだけで片づけの問題が解消されることもあるからです。

まずは、モノをそろえて気持ちを整えましょう。片づけの次への一歩が踏み出しやすくなります。ただそろえるだけで満足できるほど整うこともあります。さらに整った自信でやる気に火がつき、もっと片づけを進められることもあります。部屋が片づいていないことにモヤモヤしたとき、ただモノをそろえるだけでも意外とすっきりしますよ。ぜひやってみてください。

Column 02

どこから手をつけていいかわからない人へ

ある方から、「家じゅう散らかっていて、どこから手をつけていいかわからない」と相談されたことがあります。そのお気持ちは、とてもよくわかります。

「家じゅう」とひとくくりにしてしまうと、どこから始めていいかわからなくなります。一気に全部するのは無理です。まずは、小さなスペースから取り掛かり、大きなスペースをやってみる、というくらいの気持ちでいるのがいちばんです。

まず手をつけるのは「一番気になっている場所の小さなスペース」がいいでしょう。モチベーションを高く、かつ無理なく始めることができます。たとえばクローゼットに困っているなら、下着のスペースやスカートの収納などピンポイントで整理を始めましょう。

そのとき、自分が何に困っているかを具体的な言葉に置き換えてください。「着ていない服が多い」「色がいっぱいでごちゃごちゃして見える」など、不満を言葉にしてみましょう。紙やノートに書き出してもいいですし、書くのが面倒なら声に出してひとりごとを言ってみるだけでもいいです。とりあえず言葉にすることで、何を変えたいと思っているのかが明確になり、それが解消されることを考えることがモチベーションになるし、また、自分の片づけのゴールも見えてきます。

Column 03

片づけが必要なサイン

もし、いつものスペースにモノがいっぱいで、何かを取り出すときに毎回ぐちゃぐちゃと中身を探しているとします。その状態が当たり前になってしまうと改善しなければいけないとすら考えつかないかもしれません。

でも、モノを取り出すときにワンアクションですっと取れないなら、それは整理が必要なサインです。見直してみましょう。

整理の基本は「スペースをつくる」ことです。エリアを区切ったり、ボックスを入れたり、高さを区切ったりしましょう。

そのために、まずはサイズです。幅、高さ、奥行のそれぞれを、メジャーを使って、エリアの内側に沿わせてきちんと測りましょう。

また、高さは収納したいモノのうち、いちばん大きなモノを基準に区切ってください。

TOMATO KETCHUP
Grand'Mère
Papillons
OLIO
OLIVA

Chapter #01 kitchen

使いやすい冷蔵庫が持てるようになる

冷蔵室はいちばん下に毎日使うものを入れる

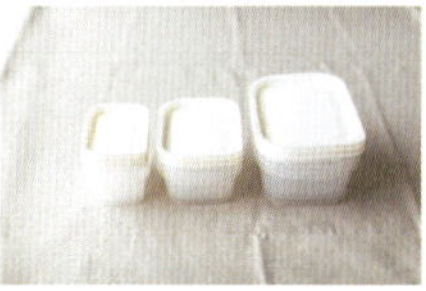

ケースはできるだけ同じメーカーでそろえると収納も見た目もすっきりします。私が愛用しているのはイオン「トップバリュー」の保存容器。重ねてコンパクトに収納できるし、フタが白なのと、溝が浅く洗いやすく乾きやすいのが理想通り。しかも価格が安い！

まず、冷蔵室は空間を「下段」「中段」「上段」の3つに区切りましょう。この考え方を基本にすると、とても使いやすくなります。その中でもポイントが、下段です。下段には、チルドルームも含みます。ここは、モノが一番取り出しやすい、冷蔵庫のゴールデンゾーンです。**ここには、あなたが「毎日使うもの」「早く消費したいもの」を入れます**。たとえば生鮮食品（これはチルドルームへ）、料理の残り、賞味期限が短い食材、朝食に出すヨーグルトやバター、よく使う調味料などです。

ここでおすすめしたいのが、余っている保存容器をケースとして活用すること。たとえば、ヤクルトなどパッキングされている商品は、あらかじめビニールを外してケースに入れておくとすぐ取り出せます。また、小さなモノをケースに入れることによって、冷蔵庫の中で存在感が出て行方不明防止にもなります。それ専用にケースを買わなくても、余っている保存容器で十分です。

我が家では下段の棚板を1枚外して空間を広くしています。それによって大きな鍋もそのまま入れられます。さらにラックを置いて一部は2段で使えるようにカスタマイズしています。冷蔵庫の収納は、自分が使いやすくすることが、スムーズに「使い切る」ことへとつながります。

冷蔵室の中段には瓶ものを入れる

冷蔵室の「中段」には「数日中に消費するもの」を入れましょう。
たとえば、納豆や豆腐、鮭フレークなどの瓶ものや練り物など、1～2日で焦って消費する必要はないけれど、何ヶ月も置いておくことはできないモノが中段です。これらを目に入りやすい位置に置くことによって、消費期限切れを防ぐことができます。

冷蔵室全体に言えることですが、いちばん大切にしたいのは「きちんと食材を消費すること」です。それができやすくなる方法があります。それは、冷蔵室に入れるときには、賞味期限の短いものが手前に来るように並べること。入れるとき、ちょっと面倒に感じるかもしれませんが、優先順位が一目でわかるようになり、スムーズに消費することができます。ただ空いたスペースにモノを入れていくより、結果的にラクになるので、ぜひ試してみてください。

また、「できるだけ、小さいモノを奥には入れない」ようにします。冷蔵室って、すぐパンパンになって、小さいモノが隠れてしまい、中に入っていることを忘れたり、取り出しにくくなったりしがちですよね。これを防ぐために、冷蔵室を「見渡せる」ようにすることが大切です。目の届きにくい奥に小さいモノを入れないように心がけると、すっきり見渡せるようになりますよ。

上段は賞味期限が長いモノ

冷蔵庫の扉には、麦茶やジュース、卵などを入れています。

「上段」に入れるのは、「数ヶ月単位で消費するモノ」です。

我が家では、開封後の乾物や抹茶の粉やカレー粉、梅干し、佃煮、ビールなどを入れています。上段は冷蔵室の中で最も目に入りにくい場所なので、長期で保存できるモノをここに入れましょう。

日々使うモノに比べると、長期で使うモノはそんなに多くはないので、**仕切り板の位置をいちばん上にして、空間を狭くしています**。それによってよく使う下段と中段のスペースが広くなり、全体的に使いやすくなります。

上段でいちばん気をつけるのは「忘れないこと」です。そのために、置いてあるモノを時々手に取りましょう。そうすることで、消費期限がどれくらいなのか、何があるかを確認できます。冷蔵庫を開けたとき、買い物に行く前といったタイミングで何気なく上段のものを手に取ってみてください。

この「時々手に取ってみる」というのは、冷蔵庫に限らずモノを管理する上でじつはとても大事なことです。特に、きちんと収納していて、使用頻度の低いモノは忘れてしまいがちです。**用事はなくてもあえて手に取ることが片づけ上手の近道です**。

収納を工夫するよりも「手に取って触ってあげる」ことが、最も忘れない方法です。

野菜室を仕切ると迷子が減る

野菜室の問題点は、深くて広い空間なので、迷子になる野菜が出てくることです。野菜室で活躍するのは、収納ケースです。面倒くさいかもしれませんが、ケースで野菜室内を仕切ってみてください。最初の手間を超えてあまりある使いやすさになります。使うケースは、写真のような、野菜室に合わせた深さのボックス。我が家では野菜用のケース3個、手前に調味料用のケース1個、と4つに区切っています。みなさんの冷蔵庫のサイズや使い勝手に合わせて自由に仕切ってください。

ケースを買う前は必ず野菜室のサイズを測り、空間を何分割したいかを考えます。紙袋を使って配置やサイズ決めをすると簡単です。その後、100円ショップなどのお店に行き、収納ケースのサイズを確認してから購入しましょう（商品に寸法は書いてありますが、誤差があり、万が一入らないと困るので私は必ずメジャーで測ります）。

また、私は野菜を保存袋（次ページ）に入れています。長持ちする上に、取り出しやすくなります。**使いかけの小さな野菜はラップにくるんで野菜室上段の引き出しに、これもボックスに入れて収納すると見つけやすく使い切りやすいです。**調味料のボックスに入れているのは酒、醤油、酢、めんつゆなど。「開封後は要冷蔵」と書かれているものです。野菜室は深さがあるので背の高い調味料の収納にも便利です。

野菜は保存袋に入れるともつ

野菜の保存におすすめなのが、野菜保存用ジッパー袋「P－プラス」（住友ベークライト）です。

私はスーパーで野菜を買って帰ると、すべてP－プラスに入れて野菜室にしまいます。

P－プラスに入れておくと葉ものの野菜でも1週間くらいもちますし、袋も洗えて繰り返し使えるので経済的です。**また、袋に入れておくと、じゃがいもなど大小さまざまなサイズがあるものでもひとまとまりになり、散らばることなく整頓でき、取り出しやすくもなります**。

野菜は新聞紙で包むなどの保存方法もありますが、中身が見えないと何があるかを忘れてしまいがちです。私のように忘れっぽい人や、一目でモノを把握したい人には、透明な保存袋での収納が向いています。

買ってきたものをそのまま野菜室に入れるよりはひと手間かかりますが、長く保存できるので、最後まで使い切ることができますし、野菜室が汚れにくくもなります。

出番待ちのP－プラスは野菜室に一緒に入れ、すぐ使えるようにしています。手早く使える仕組みをつくっておくことで、簡単に続けていくことができます。

冷凍室の食材は立てて入れる

冷凍室では、ブックエンドを使いましょう。立てて収納します。冷凍したものは固さがあり立てやすいので、ボックスまでは必要ありません。ブックエンドで、倒れないようにするだけでOKです。

冷凍室で迷子にならないためのポイントは、モノを見渡せるようにすることと、サイズをできるだけそろえることです。

また、冷凍食品を収納するときのおすすめは、「袋ごとジッパー付き保存袋に入れる」こと。なぜわざわざ袋に入れるのかというと、サイズをそろえるためです。冷凍食品は少しずつ減っていくものが多く、最後のほうは小さくなって冷凍室の中で迷子になりやすくなります。保存袋に入れておくと、量は減っても他のものと同じサイズを保つことができ、見つけやすくなります。また、同じサイズだとそろえて立てて収納しやすいのです。ズボラな私ですが、このスタイルを続けてこられたのは、袋に入れる手間よりも便利だと感じてきたから。ちなみに、ジッパーつきの保存袋はスライダー式のものがおすすめ。とめるタイプのものだと開閉が面倒で、毎日のことなので手間です。また、保冷剤は冷凍室の上段の引き出しにケースに立てて入れています。入りきらない分は処分しましょう。いつの間にかどんどん増えてしまうことを防げます。

調味料は小さいサイズを使う

調味料は、片手で持てる小さいサイズを選ぶのがじつはいちばん便利です。

まず、最大のメリットは、使い切れず処分するのが減ること。消費期限切れの調味料を捨てるのは手間で、流しに捨てられるか気を使ったり、捨てるのに罪悪感を覚えたり、ストレスがかかります。それが面倒で収納場所の奥に溜まってしまうこともあります。使い切れるサイズのものにすれば、そんなストレスがぐっと減ります。

また、大きな調味料は収納するのに場所をとりますが、小さなサイズのものはコンパクトで邪魔になりません。多少割高でも小さいサイズを選ぶと決めてしまえば、もしビッグサイズの調味料がお買い得でも「大きいからどこにしまおう」と迷うこともなくなります。

調味料の収納場所は大きく分けて3箇所です。冷蔵保存のものは、野菜室に醤油などの背が高く定番の調味料を入れ、冷蔵室の最下段にマヨネーズやポン酢などの背の低いものを入れています。常温保存のものは、すぐ取り出せるコンロ横の引き出しにケースにまとめて入れています。たとえば、砂糖、塩、コショウ、パセリの粉末、コンソメ、はちみつですが、これらは「味つけグループ」と呼んでいます。調味料は形がバラバラなので、まとめて四角いケースに入れるだけですっきりします。

粉ものは移し替える

容器に入りきらない粉ものの袋、開封後の砂糖、塩は輪ゴムで止めて保存袋に入れ、まとめて「使いかけグループ」をつくってケースに入れています。
キッチンペーパーもここに収納。

前の項目で述べた「調味料は小さいサイズを使う」のメリットは、小さいサイズのものなら、そのまま使えて容器を移し替えなくていい、ということもあります。液体調味料を素敵な容器に移し替えて使う方法もありますが、移し替えなくても特に不便はないので、買ってきたものをそのまま使うので充分です。

しかし粉ものは容器に入れて管理しましょう。それは、粉ものはほとんどが袋に入っているので、容器に移し替えると、使いやすく管理しやすくなるからです。

「柔らかいモノは固いケースに入れると管理しやすい」がルールですが、袋に入った粉ものは柔らかくて自立しないし、使うことでどんどんサイズも変わるので、サイズのそろった固いケースに入れておくと収納しやすくなります。ただ、パッケージの裏面を読み返したいものなどは、袋ごと容器に入れるといいでしょう。

ケースは、私はOXOのポップコンテナでそろえています。移し替えるのは、小麦粉などの粉もの、砂糖、塩、粉末のだし、あとは固形ですが、パスタなど。賞味期限は、マスキングテープに日付を書いてフタに貼ると簡単です。

ストックエリアをつくると便利

缶詰やお菓子、調味料などのストックは一箇所にまとめておくと便利です。

ストック類のスペースが決まっていると、「あれ買ってあったかな？」と思ったとき、そこだけチェックすればいいので、冷蔵庫などあちこち探す手間がいりません。

我が家はキッチンカウンターの下を「常温エリア」と決め、無印良品の引き出しケース４つを食品収納庫としています。

それぞれの中身は次のように分けています。

❶ お菓子
❷ 調味料のストック
❸ のり、ふりかけ、お茶漬けの素、フリーズドライの味噌汁など
❹ 缶詰、レトルト食品、インスタント食品

グループごとに分けることで、使い忘れや買い忘れを防ぐことができます。また、エリアが決まっているので増えすぎることもありません。

キッチンには一時置き場をつくるといい

キッチンはモノの出入りが激しい場所なので、ちょっとしたことですぐにモノが溢れてしまいます。そこを解決するのが、収納にスキをつくることです。**ここでおすすめしたいのが、キッチンにいくつか「一時置き場」をつくること**。

いただきものの野菜や果物、一時的に増えてしまったお菓子など、住所を決めるほどではないけれど、消費するまでどこに置いていいか迷うモノをここに置きます。この一時置き場があることで、シンク周りやキッチンカウンターを常にすっきり保つことができます。

一時置きの場所は、「目に入りやすい位置」にします。また、床に直置きだと散らかった印象になるので、直置き以外の置き方にしましょう。我が家ではキッチンにあるスチールラックの1段をあけているのと、キッチンの隅にスツールを置き、その上にかごをおいて一時置き場にしています。この2箇所が両方いっぱいになったら整理のしどき。料理の献立を考えたり、お裾分けしたり、管理方法を見直します。

ちなみに、どうしても床に置くしかない場合は、掃除のときに持ち上げやすいケースに入れて雑多な印象を和らげましょう。

キッチンツールはワンアイテムひとつを持つ

おたまやキッチンばさみなどのキッチンツールは、ワンアイテムにつきひとつだけと決めておくとラクです。

もちろん、たくさんのモノを使いこなせる方は無理に減らす必要はありませんが、こだわりのない方でしたら、ワンアイテムひとつのほうが「使いやすい」「使いこなせる」と感じるはず。使いたい道具を迷わず取れて、戻すのも簡単。このシンプルな動きができるようになって、私は料理がぐっと楽しくなりました。

ただ、自分にとって必要な道具を持つことが大切なので、必要と気づいたものに関しては、ルールに縛られないようにしましょう。たとえば菜箸。菜箸はよく使うので、同じ種類の短いものが5本あると便利です。同じ理由で、ヘラも4種類持っています(木のヘラ、ゴムベラ、スープ用、炒めもの用)。また、まな板は小さいものが3種類(肉と魚用、野菜用、パン用)です。切る材料によって分けています。

おたまとヘラだけはツールスタンドに立て、それ以外はひとつの引き出しの中に1スペース1アイテムが入るよう仕切って入れています。菜箸はツールスタンドに立てると他のモノにからんで取り出しにくいので、スタンドには立てずに引き出しに入れています。

整理できる可能性が高いのが鍋

とかく収納場所に困りがちなキッチンですが、スペースを広くしたいと思ったときには、まず鍋を見直してみてはいかがでしょうか?

鍋は、数を減らせる可能性が高いアイテムです。手持ちの鍋で使用頻度が低いものは、ほかの鍋で代用ができないか試してみましょう。

私はせいろ専用の鍋と、パスタ用の深い鍋を手放したことがあります。どちらもほかの鍋で十分代用できると気づいたからです。おかげで、使用頻度の高い鍋が取り出しやすく、しまいやすくなりました。

家にいくつ鍋があるのか、すぐに答えることはできますか? 数がわからなければ、自分が管理できる以上の量を持っている可能性があります。我が家では、両手鍋3つ、片手鍋ふたつ(サイズ違い)、圧力鍋ひとつ、土鍋ひとつ、が一番快適な数です。

鍋はコンロの下の引き出しにフタをしたまま、重ねず並べて置いています。鍋はフタとセットで使うことが多いので、セットされたままのほうが使い勝手が良いのです。ちなみに、私はやかんも持っていません。麦茶は鍋で沸かしますし、紅茶を飲むときは小ぶりなドリップポットでお湯を沸かすので、必要ないのです。「普通はこう」と思わず自分にとって使いやすい鍋だけ残してみましょう。

フライパンは立てて収納する

フライパンは立てて収納すると便利です。**立てることでほかのものと重ならず、ワンアクションで、しかも片手で取り出すことができるからです**。

我が家のフライパンは4枚あり（28センチの深いもの、浅いもの、20センチのもの、卵焼き器）、100円ショップのプラスチックのファイルボックスふたつに、2枚ずつ立てて入れています。

ファイルボックスは前面が低く、奥側が高くなっているのですが、高さのある奥側をあえて手前に置いてみましょう。フライパンの取っ手が乗っかる位置が数センチ高くなり、意外なほど取り出しやすくなります。

ちなみに、キッチンで使う収納ケースの素材はプラスチック一択です。

段ボール素材は虫がつく危険がありますし、水や油汚れに弱く、水回りに向きません。布やラタン素材のものは隅にたまったほこりや細かなゴミが取りにくく、掃除がしにくいです。プラスチックであれば丸ごと水洗いができて衛生的です。5月、11月の半年に一度、キッチンの収納ケースを掃除しています。

キッチン用具のしまい方いろいろ

すべて流し台の下の収納に入っています。

鍋とフライパン以外のキッチンツールの収納方法をご紹介します。基本的には種類ごとに重ねて、シンク下に収納しています。

- **ざる・ボウル**……ざる6個、ボウル7個はそれぞれ重ねて流し台の下の収納へ。ざるとボウルは用途が違うので、分けておいたほうが使いやすいです。
- **保存容器**……本体とフタはセットせず、それぞれ別にして重ねます。本体は、大きいモノの中に小さいモノを重ねて入れ、隣にフタを立てて入れています。こうすることで数の多い容器をコンパクトに収納できます。
- **シリコンスチーマー**……保存容器の隣に立てずにそのまま置いています。
- **バット類**……すべて重ねてゴムでひとまとめにし、立てて収納。
- **製菓道具類**……シンク下の大きな収納スペース1段を製菓道具用に。プラスチックの収納ケースで仕切り「お菓子の型」「ハンドミキサー」「水切り」「ハンドブレンダー」「計量カップ、巻き簾など細かいもの」「瓶類」とグループごとに仕切って収納。
- **ミキサー**……上下を分解して収納。
- **キッチンスケール**……ミキサーの隣に立てて収納。

食器は
サイズごとに
そろえる

たくさんあるカップ＆ソーサーは食器棚にまとめています。

器は多くなりがちなので、使う場面とサイズごとにグループをつくり収納しましょう。1軍、2軍と分けて考えるといいでしょう。この1軍とそれ以外に分ける方法は、数が多いモノに使えるテクニックです。**いちばん使うものを1軍に、その次を2軍、もしそれで収まらないなら、使用頻度が低いものを3軍と分けましょう。**

私の場合、まず毎日の食事でよく使う器は1軍として、キッチンカウンターの浅い引き出しに収めています。お皿は料理に合わせてサイズで探すことが多いので、サイズごとに重ねて収納。ご飯茶碗、味噌汁椀など形状が同じものも、種類ごとに重ねています。大皿はいちばん下の深い引き出しに薄いタオルを敷き、ファイルボックスに立ててしまっています。

食事よりも使用頻度の低いカップ&ソーサーや急須などは2軍として食器棚に。重なりすぎると取り出しにくいので空間が縦に余るスペースは、ニトリのディッシュラックを使い、上下に分けて置けるようにしています。

その他、お正月やクリスマスだけに使うものなどは無印良品のラタンボックスに入れてひとまとめにし、納戸にしまっています。日常的に使わない器はキッチン以外の場所に住所をつくってもOKです。

カトラリーはアイテム別にしまう

カトラリーを取り出すときによく探していませんか？　スムーズに取り出せていないなら、数を減らすか収納方法を見直すサインです。

カトラリーはアイテム別、さらにサイズ別に引き出しを仕切って収納しましょう。以前は同じデザインのフォークとスプーンをセットにして収納していたのですが、フォークを取りたいのにスプーンを取ってしまうということがよくあり、アイテムで分けるようにしました。サイズも分ける理由は、使うシーンがまったく違うので、分けておいたほうが取り出しやすいからです。たとえば大きなフォークは食事で使いますが、小さなフォークはケーキを食べるときなどですよね。

今の収納スタイルに変えて、以前に比べ、とても取り出しやすくなったのを実感しています。

カトラリーの収納スペースが狭い場合はここまで細かく仕切らなくても大丈夫。その場合、同じアイテムでサイズが違うものを一緒に入れてもかまいません。ただ、量が少ないほど探しやすくなるので、できるだけ数をしぼりましょう。お気に入りが多くてどうしても減らせない人は、1軍と2軍に分け、よく使う引き出しの中は1軍だけにするのがおすすめです。

レジ袋は固い小さなケースに

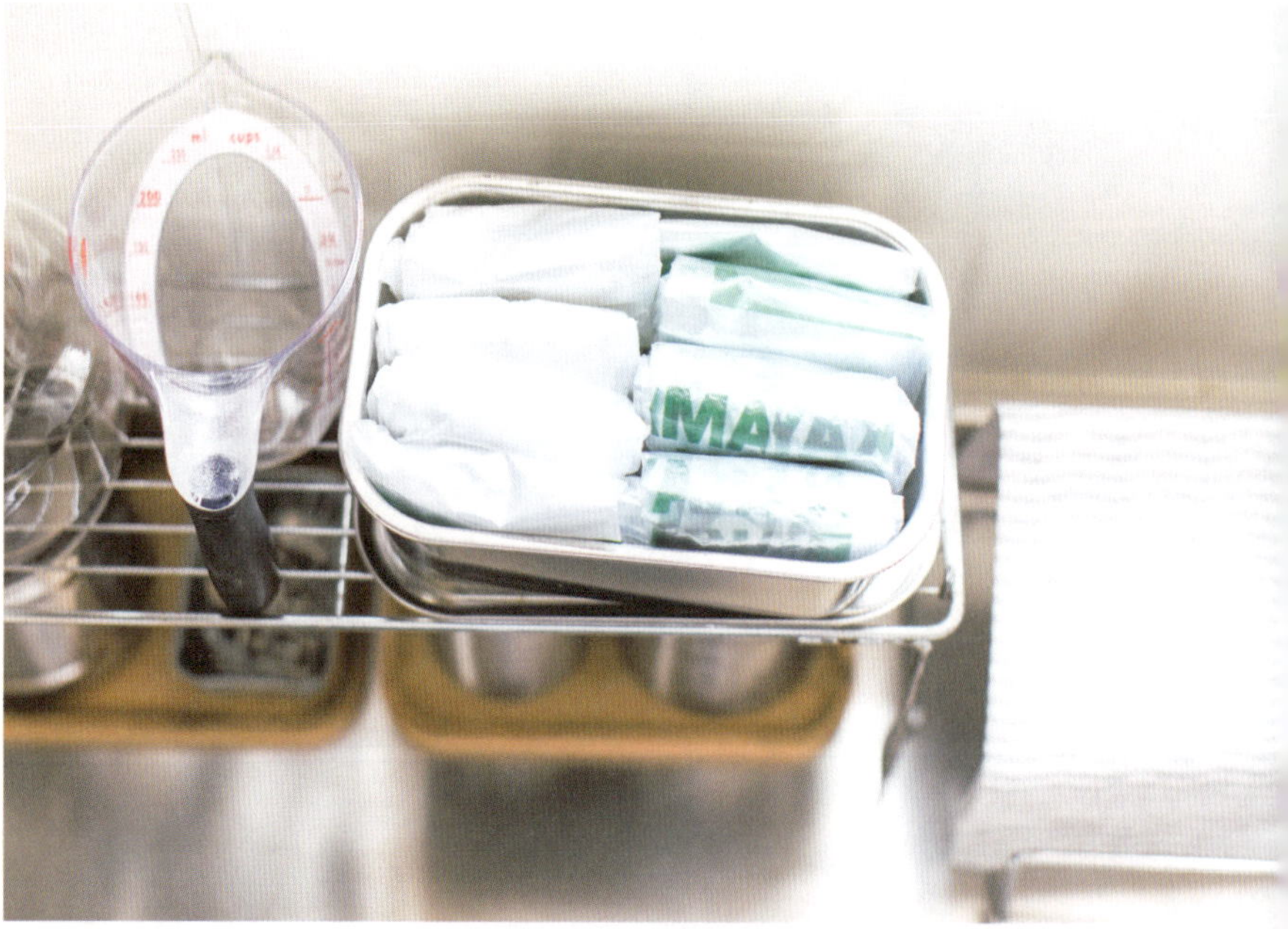

私がたどり着いた最強のレジ袋収納は、「小さな固いケースに8枚だけ入れる」というもの。別に8枚でなくてもよいのですが、ポイントは「小さな固いケース」を使うことです。

レジ袋は柔らかく広がりやすいので、固い収納ケースに入れると広がりが防げます。また、小さめのサイズにすると、量も増えず、見た目もすっきりします。我が家で使っているケースはステンレスの業務用薬味入れ（18センチ×12センチくらい）。シルバーで主張しないデザインなので、シンクに出したままでも気にならず、調理中にさっと手に取れます。三角折りは続かないので、空気を抜いてたたむだけです。我が家の場合は8枚あれば十分です。**少なく感じられるかもしれませんが、レジ袋を使う場面を思い浮かべてみると、意外と数がいらないことがわかると思います。**数が少ないことに不安があるなら、「足りなくなったら買いに行けばいい」など、自分が安心できる対処法を考えてから処分してみましょう。

レジ袋はつい溢れがちなので、必要な枚数がわかれば、不要なレジ袋をもらわなくてすむようになります。

少ないゴミなら専用のごみ箱はいらない

空缶、空ビンを捨てるための袋を脇にかけています。

我が家の可燃ゴミとプラスチックゴミの置き場は、キッチンにあるスチールラックの下です。ゴミ箱のフタにはそれぞれのアイコンと回収曜日のシール（100円ショップで購入）を貼っています。また、ゴミ箱の近くにカレンダーとゴミ収集表を置いて、回収日を忘れないようにしています。

ゴミ袋は、ゴミ箱すぐ上の棚に置いて、セットしやすくしています。キャンバス地の書類ケースに入れただけの簡単な収納ですが、出しっ放しでも見た目が気になりません。またゴミ周りで何かと便利な古新聞も、すぐ使えるように1日分を同じ棚に置いています。

我が家は缶、ビンのゴミが少ないため、専用のゴミ箱は設けていません。**スチールラックの脇に布の袋をふたつ掛け、その中にビニール袋をセットして、缶、ビンを捨てています**。ゴミ箱は場所を取るし、存在感が大きいので、袋で代用するとすっきりします。また、袋だとひょいと引っ掛けられるので手軽です。

キッチン以外のゴミ箱は、洗面所、リビング、2階のホール、寝室にひとつずつ。それぞれにビニール袋をセットしていますが、中身のゴミだけ回収するようにして、袋はそのままにしています。これで、ビニール袋を毎回取り替える手間が減ります。

心地いい家の要、リビングを手に入れる

Chapter #02 Living Room

リモコンの置き場をつくる

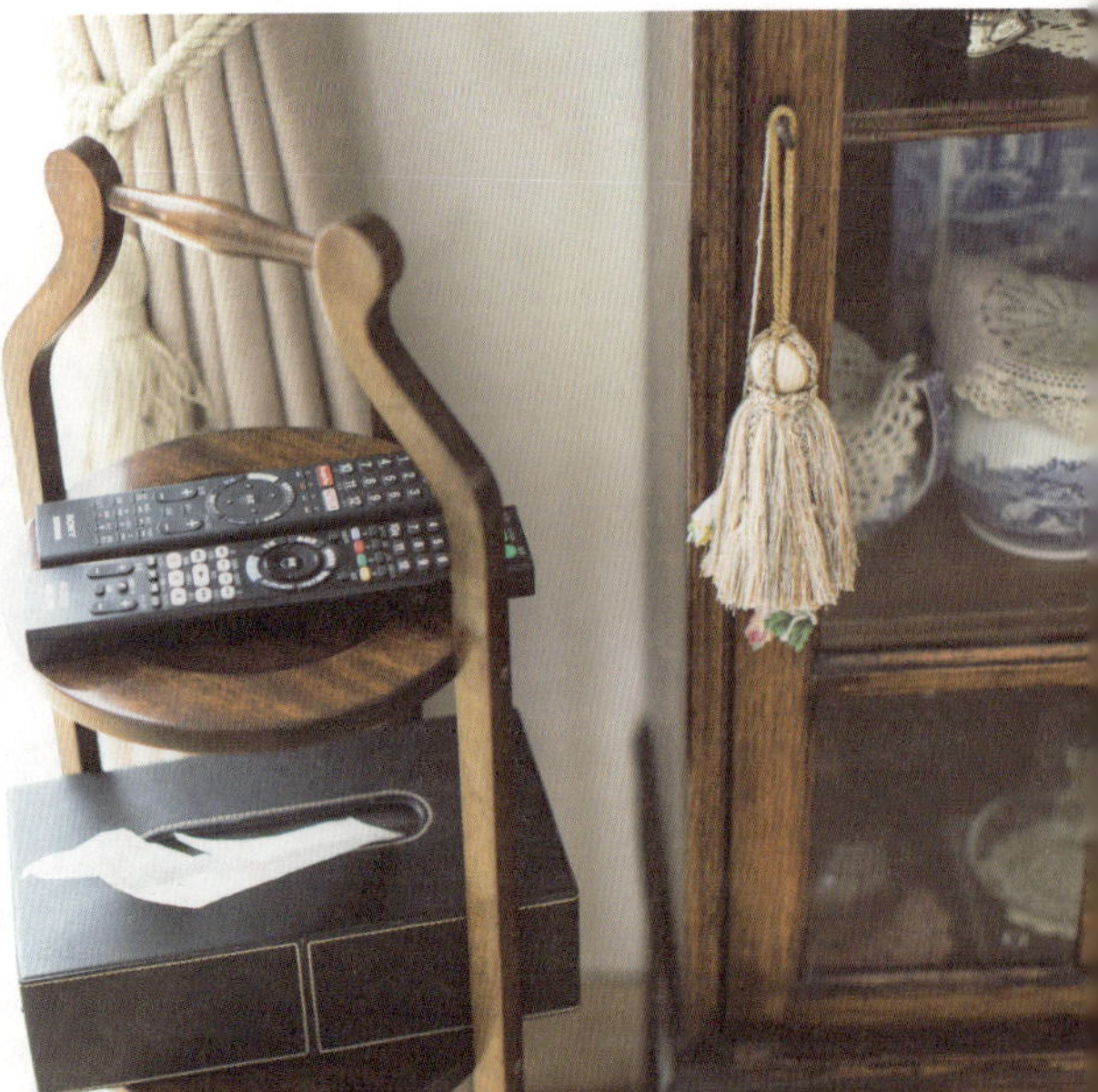

リモコンは散らかりがち、行方不明になりがちです。いちいち探すのはストレスなので、必ず置き場を決めましょう。そして、「使ったら戻す」を徹底しましょう。

置き場のおすすめは、使う手元です。たとえばテレビのリモコンならば、テレビ台の上よりも、テレビを見るときに座るソファのサイドテーブルなどにしたほうが戻しやすくて便利です。ほかにもソファに引っ掛けられるリモコンケースを取りつけたり、リビングテーブルが2段なら下段をリモコン置き場にするなど、いろんな選択肢があります。我が家はダイニングテーブル横のスタンドの上にしています。リモコンは、ソファや床、メインテーブルにそのまま置いたり、リモコンを持ってあちらこちらに移動するとなくなりがちなので気をつけましょう。ただ、テレビと座る場所が近いなら、置き場はテレビ台の上でも大丈夫です。「リモコンを戻す手間を感じるかどうか」という自分の基準で決めましょう。

エアコンのリモコン、照明のリモコンなどの使用頻度が低いものは、置き場は手元でなくてもOKです。壁に掛けられるものは壁に掛けることで失くなるのが防止できます。**住所があいまいになりがちなモノだからこそ、「住所が決まっていること」が第一です。**

ダイニングテーブルの横にはワゴン

ダイニングテーブルの理想は、上にモノが何もない状態です。**テーブル上の「面」がすべて見えているだけで、ダイニング全体がとてもすっきりした印象になります**。ただ、家族がついモノを置きやすいのもテーブルの上ですよね。モノを置かなくて済むように仕組みをつくりましょう。

そこでおすすめなのは、テーブルの横に一時的にモノを置ける場所をつくることです。おすすめなのがワゴンです。**テーブルと同じ高さのワゴンがあれば、テーブルの上のモノをさっとスライドさせるだけでいいので、モノの移動がとてもラクです**。

たとえばお子さんがいると、ダイニングテーブルで宿題をすることも多いはず。テーブルいっぱいに広げた宿題を、ごはんどきに移動させるのはなかなかの手間です。でもワゴンがあれば、さっと避難させて、食後にすぐ再開することができます。

ほかにも読みかけの本を一時置きできたり、毎日使うバッグをワゴンの下段に収納できたり、置き場が定まらないモノを一箇所にまとめることができます。

ワゴンを置くスペースがない場合は、カゴを使ったり、テーブルの上にトレーを置くのもいいでしょう。一時置きするモノはそこに入るだけと決め、モノが溢れてきたら見直しましょう。

書類は最初が勝負

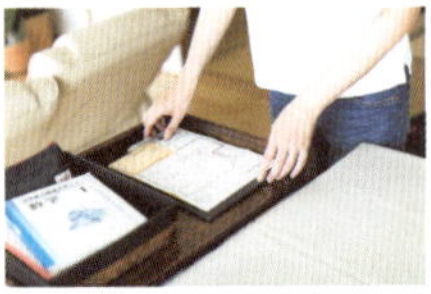

返信や対応がすぐに必要なものは、バインダーに挟んでテーブル近くに。

書類は、最初が勝負です。家の中に書類が入ったらすぐに仕分けをする癖をつけましょう。これができると絶対に散らかりません。**あるとと便利なのは、バインダーとファイルボックスです。**我が家は、書類を次の5つに分けています。

❶ **すぐ返信が必要なもの（子どもの学校の要返信の書類など）**

⇩バインダーに挟んで目につきやすい場所に置く（我が家では、ダイニングテーブル横のワゴンの上）

❷ **参加するイベントのお知らせ（学校行事、町内会の行事、バザーなど）**

⇩冷蔵庫に貼り、行事が終了したら処分

❸ **ショップの案内（セール、ショップオープンなど）**

⇩目につく場所にポストカードサイズの小さなファイルボックスを置き、その中に一時置き（我が家はリビングの棚の上）。期日が過ぎたら処分

❹ **保管するもの（学校の年間予定表、年金や保険の書類、取扱説明書など）**

⇩ファイリングしてそれぞれの書類の収納スペース（↓次ページ）へ

❺ **処分するもの（ダイレクトメールなど）**

⇩すぐゴミ箱へ

溜まりがちな書類をすっきりさせるのは仕分け方

前項の❹の保管書類は、溜まっていく書類です。急に保険の書類が必要になって探したけれど、どこにいったかわからない……そういうことはないでしょうか？　これをなくすために、❹の中もざっくりとグループ分けをしておきましょう。といっても、細かいファイリングなどは必要ありません。

我が家は、見る頻度の低い「❶夫の会社関係」「❷保険」「❸子どもの学校関係（保管）」「❹各種明細」「❺取扱説明書」と、見る頻度の高い「❻子どもの学校関係（年間資料）」「❼デリバリー」の7つに分けています。

❶〜❺の書類はそれぞれ無印良品のファイルボックスに入れ、リビングの収納棚にしまっています（❺の細かい分け方は次ページで）。「❻子どもの学校関係（年間資料）」は学校の予定、PTA総会の資料、子ども会の資料など。パンチでふたつ穴を開けてファイリングしています。これは何度も見返しますし、夫と共有したいものなので、家族が集まるダイニング近くの棚に置き、いつでも見られるようにしています。「❼デリバリー」も家族と一緒によく見るものなので、「❻学校関係」と同じ棚に置いています。こちらはクリアファイルにチラシを差しこむだけです。

取扱説明書は
固いケースに
いれるだけ

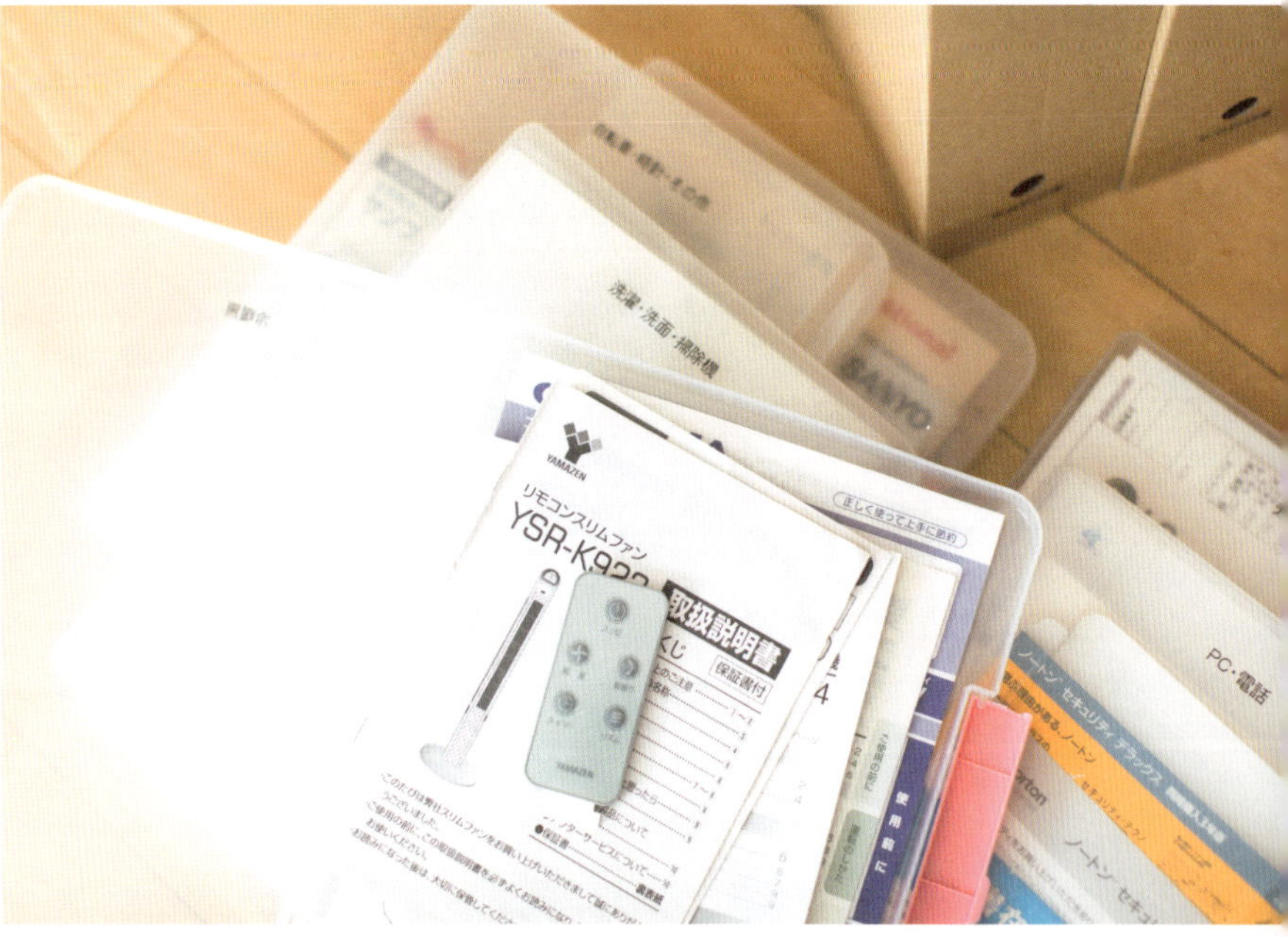

よく質問を受けるのが、前項の取扱説明書です。普段は出番がないのに、急に必要になることがあるので、たしかにどこにしまったらいいか悩むモノの代表格です。

取扱説明書は、大抵ネットで見られるので、全部捨てて持たないのも手です。**まずは自分が「紙で残したい派」なのか、「ネットで見られれば良い派」なのかを考えてみましょう**。あなたは、ネットやアプリで細かいことを確認するのが得意ですか？それとも、紙で持っていてさっと見られたほうがいいでしょうか？　また、家族が見る場合は、家族の性格も考えましょう。その上で、暮らしに合うほうを選びます。

「ネットで見られれば良い」と割り切れる人は、すぐに捨ててしまってかまいません。

私は「紙で残したい派」なので、ほとんどの説明書を保管しています。これをざっくりとグループに分けるだけ。グループは「テレビ・音響」「洗濯・掃除」「キッチン家電」「PC・電話」「冷暖房」「自転車・その他」。グループごとに透明のハードケースに入れています。新しい家電を買った場合も、同じグループのケースにさっと入れるだけなので簡単です。ハードケースはマチがあるので、説明書だけでなく、保証書と予備の部品も一緒に入れられます。こうしておくと、必要になったときに探すのが簡単です。これを、ファイルボックスにしまい、リビングの棚の中に入れています。

病院セットは つくっておくと 便利

病院に行くたびに「診察券」や「おくすり手帳」を探してはいませんか？家族それぞれの「病院セット」をつくっておけば、もう探すことはありません。

- 保険証
- 診察券をひとまとめにしたファイル
- おくすり手帳（母子健康手帳（子どもがいる場合））

この3つを家族ひとり分ずつポーチに入れ、引き出しなどに保管しておくと便利です。病院に行くときはポーチごと持って行けばOK。こうしておけば、毎回探す手間がかからず、うっかり忘れ物をすることもありません。自分が不在で夫に子どもを病院に連れて行ってもらうときも、ポーチをそのまま持って行ってもらえばいいだけなので簡単です。

保険証と診察券は、無印良品の3段のカードケースに1枚ずつ差し込んでいます。保険証は1ページ目のいちばん上です。ファイルすることで、必要な診察券をすぐ見つけることができます。ポーチごと持って行くのが重くてイヤな人は、そのとき必要な診察券を抜いて持って行くのもいいでしょう。おくすり手帳は、電子で管理するアプリも登場しています。おくすり手帳の管理が苦手な方は、アプリを利用するのもおすすめです。

鍵置き場をつくるとなくさない

鍵をなくさない秘訣は、「毎日バッグから出す」ことです。

「毎日使うバッグが同じなので鍵も入れっぱなし」という方もいるかもしれませんが、「毎回取り出す」のは、意外にして最大のポイントです。

鍵は、紛失したとき、忘れたときに困る度合いがとび抜けて高いアイテムなので、多少面倒でも視覚化する習慣をつけると安心です。「帰ったら、鍵を取り出して置き場に置く」ということを毎日繰り返しましょう。習慣がない人も、続けていくうちに自然にできるようになります。

その際重要になるのが、鍵置き場です。これは、家族全員が置きやすい場所にしましょう。玄関やリビングがおすすめです。私は視界に入っているほうが落ち着くので、リビングの棚にキーフックをつけて掛けています。ここは玄関から洗面所へ向かう動線上にあるので、帰宅したときに無理なく置いていけます。鍵の数が多くなければ、いちばんラクなのはトレイにポンと置くだけの収納です。置くのも取るのも簡単です。車や自転車の鍵があって、数が多い場合はトレイの中から探しにくいので、人別にトレイを用意するか、壁にフックを取りつけて引っ掛けたりしましょう。鍵だけでなく、定期券なども一緒に置くのもいいでしょう。

年賀状は3年間保管する

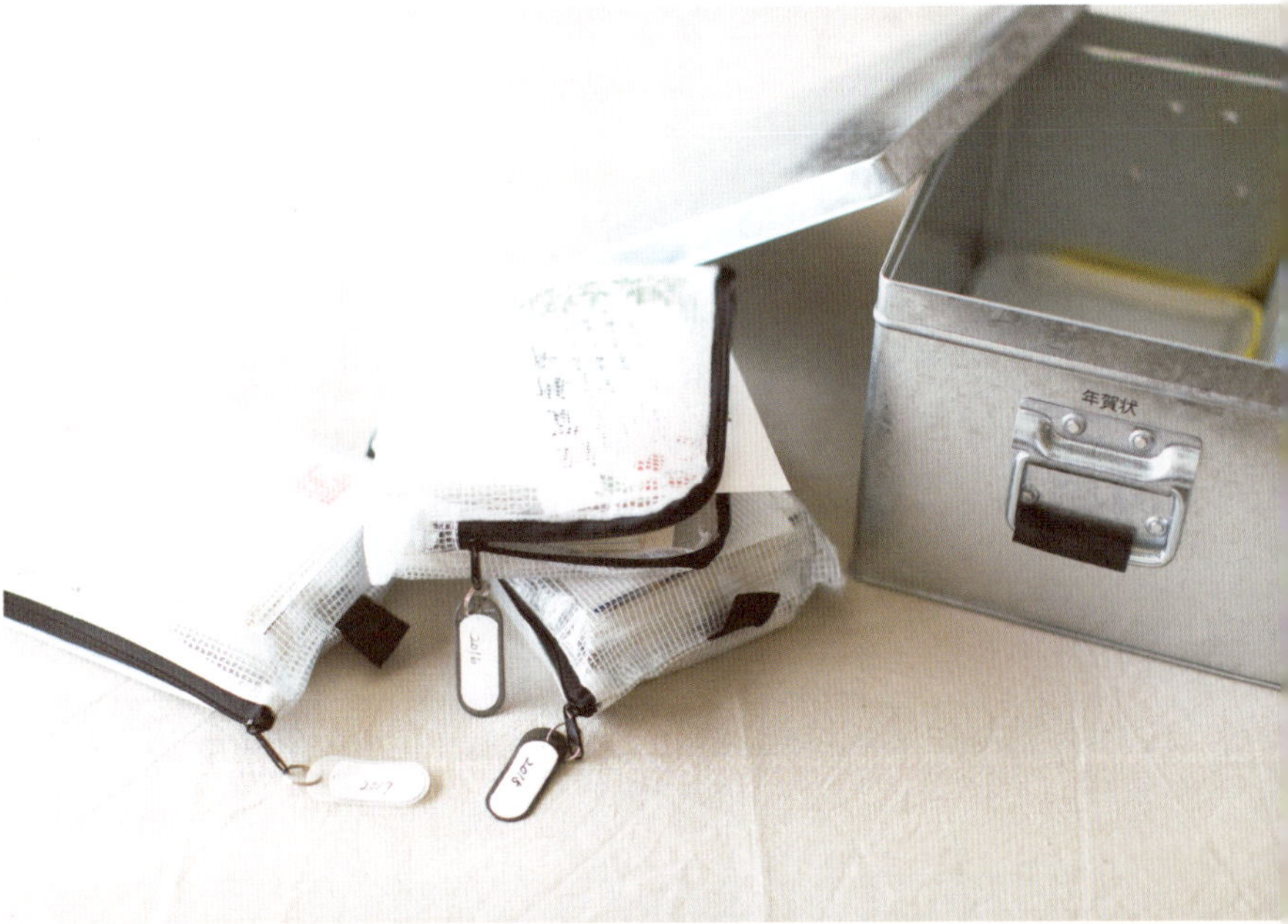

とりあえず、家にあるものには何かしらルールを決めるのが、片づけの基本です。それは、いつまで残しておくか悩みがちな年賀状や手紙などもそうです。

年賀状保管のルールは、

期限：3年分を保管
方法：1年分ごとにポーチに入れる
場所：見る頻度が低いので取りにくい場所
（我が家では箱に入れてリビング収納棚の最上段）

年賀状は3年分あれば困ることはまずありません。1年分ごとに、柔らかいファスナーつきのメッシュポーチに入れています。柔らかい袋のほうが、固いケースよりも枚数の変動に対応できます。それぞれの袋に100円ショップで購入した名前ホルダーをつけ、マスキングテープで年度をラベリングしています。

毎年、まずはお年玉つき年賀はがきの当選番号が発表されるまではしまわずにワゴンに仮置き。郵便局で当選はがきの引き換えが済んだら、3年前の年賀状を捨て、ラベルを変えて新年分を袋に入れます。ルールがあることで、一連の流れを悩むことなくスムーズにすることができます。

薬は種類ごとに仕切る。毎日飲む薬はクリップでとめる

薬袋はキッチンの取っ手に引っ掛けておくと目につきやすく飲み忘れを防げます。

常備薬は無印良品の引き出しケース1段にすべて入れています。

「風邪薬」「頭痛薬」「絆創膏」などジャンルごとに仕切っておけば、引き出したときに目当てのものが簡単に見つかります。薬はサイズがバラバラなので、空間を自由に変えられる、100円ショップに売っている仕切り板が便利です。

ちなみに、病院で処方された薬はここに入れません。毎日飲む薬を常備薬の引き出しから出すのは面倒ですし、飲み忘れの原因になります。処方薬でいちばんのおすすめは、すぐ目について すぐ飲める場所に置くことです。**我が家は、キッチンの棚の取っ手にクリップで挟んでぶら下げています**。こうしておくと毎日イヤでも目に入るので飲み忘れることがありません。お子さんの薬の場合は、袋の表に赤いマジックで「毎食後」「朝食前」など飲むタイミングを大きく書いておくと、子どもでもわかりやすくなります。

見た目はすっきりしませんが、吊り下げていれば他のモノと紛れませんし、期間限定なので目立ってもOKと考えています。

処方薬で飲み切らなくてもよく、保管しても大丈夫な場合は、薬の内容が書かれた処方箋や説明書と一緒に、常備薬コーナーに場所をつくりましょう。

マスクやカイロは、玄関への動線上につくる

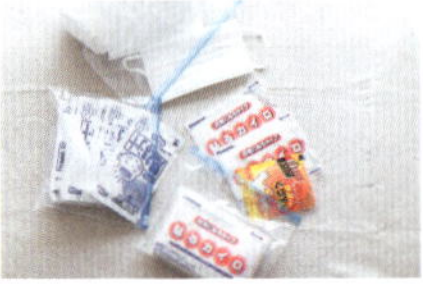

カイロやマスク、冷却ジェルシートはそれぞれジップロックに入れています。

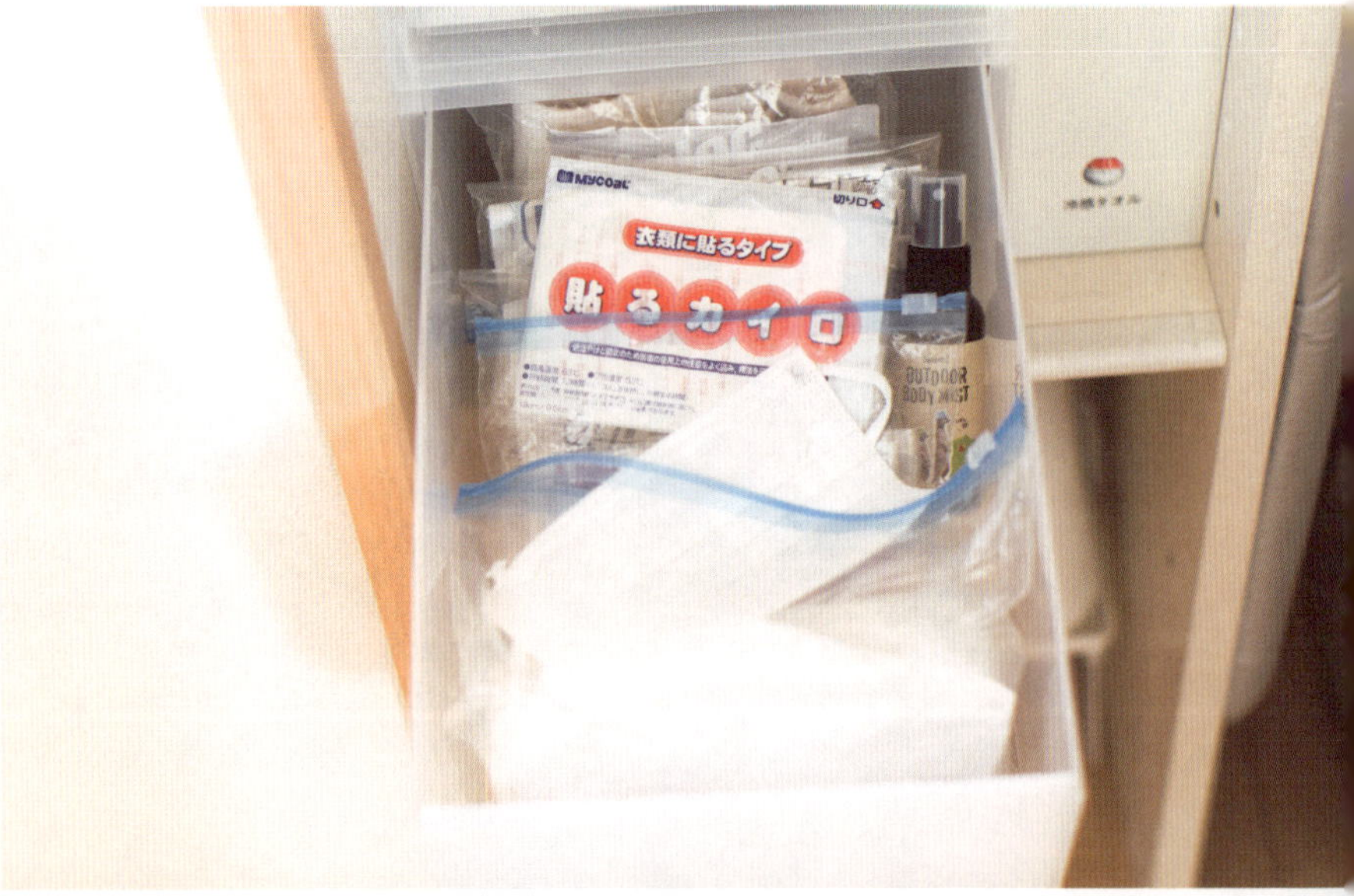

マスクやカイロ、虫よけスプレーなど出かけるときに使うものは、「お出かけグループ」として一箇所にまとめておくと便利です。

私はドラッグストアで買うという共通点から湿布や冷却ジェルシートといった、「薬グループ」と一緒に、無印良品の深い引き出しケースに入れています。

マスク、カイロ、冷却ジェルシートは箱から出して、それぞれ透明のジッパー式保存袋に移し替えましょう（マスク、カイロは大・小で別収納）。コンパクトに収納できる上、透明な袋で中身が見えるので、見つけやすく、使いやすいです。

「お出かけグループ」の住所は、玄関への動線上にするといいでしょう。我が家では、洗面所から玄関の間にある収納棚で、「常備薬グループ」の下が住所です。ここなら身支度を整えた通りすがりにスムーズに取り出せます。リビングから玄関に行く途中や、玄関など、生活の動線に合わせた場所にするのがおすすめです。

また、ポケットティッシュとウエットティッシュも「お出かけグループ」のすぐ近くにそれぞれ1列ずつ、無印良品の細い引き出しケースに入れています。似たグループのものを近くに配置すると使いやすくなります。

文房具は1軍と2軍に分ける

爪切り、体温計、耳かきは仕切って分けてリビングへ。

家族で共有する爪切り、体温計、耳かきなど、よく使うものはリビングに置くと便利です。

グループとしては「常備薬」や「衛生用品」に入れたくなりますが、群を抜いて使う頻度が高いモノは独立させて、使う場所の近くに住所をつくったほうがラクです。

我が家ではリビングの収納棚に無印良品の引き出しケースを置き、1段を爪切り、体温計、耳かきの定位置にしています。

文房具も爪切りなどと同じくよく使うモノなので、同じ棚に置いています。爪切りの隣の引き出しケース1段を文房具スペースにしています。

文房具スペースは、モノが増えやすく混雑しやすい場所なので、注意しましょう。モノが探しにくくなってきたら、以下のように整理します。

1. 引き出しの中のモノを全部出す
2. アイテムごとに分ける／いらないものは処分する
3. 複数本あるものは、「1軍」と予備の「2軍」に分ける

スペースに深さがあれば、2軍の上に1軍のケースを重ねて置くと、よく使うものだけが見渡せて便利です。スペースがない場合、2軍は別の場所に移しましょう。

目線より高いところは箱、低いところは引き出し

収納ケースは、引き出しタイプのものや、ファイルボックスなど、さまざまな形があります。ポイントは次のふたつです。

- 目線より高いところは「箱」で収納する
- 目線より低いところは「引き出し」で収納する

引き出し収納のいいところは、中全体を上から見渡せるところ。だから、目線より低い位置でないと俯瞰して見ることができません。高い位置で引き出し収納にしてしまうと、中のモノが見えず、取り出すのが大変です。

また、引き出しケースを選ぶときは、深さに気をつけましょう。小さいモノを深い引き出しに収納すると、モノが重なって隠れてしまい、見つけにくくなります。小さいモノは浅い引き出しに、大きなモノは深い引き出しに収納しましょう。サイズが合っているのが、いちばん使いやすいです。

目線より高い場所に置くモノは、ファイルボックスや取っ手つきのカゴなど箱状の収納ケースが便利です。ボックスごと下におろして探せばいいので、簡単に取り出せます。どちらにしても、モノを「見渡せる」というのがポイント。できるだけ簡単にモノを一覧できるようにすると、探すときにストレスがありません。

収納用品の色はまわりに合わせる

収納用品選びには、いくつかルールがあります。**まずひとつめは「収納用品の色は置く場所のまわりの色に合わせる」ことです**。

たとえばファイルボックスを買う場合、それを使う場所のまわりが茶色であれば茶色のボックスを、白であれば白のボックスを選びましょう。収納用品がその場になじんで、調和のとれた空間になります。

あえてデザイン性の高いもの、アクセントになる色を選ぶのもいいですが、特にこだわりがなければ「その場所になじむ」を優先させると大きな失敗がありません。

もうひとつ、「定番品である」ことも大事なルールです。収納用品は同じものでそろえると見た目の美しさが断然違います。いくつか並べて収納する場合は、後で買い足しができる収納用品かどうかを考えて選びましょう。気に入ったとしても数年後に同じものが買えなくなりそうであれば見直したほうが賢明です。

また、私がもうひとつ決めているルールは、**「家の近くで買える」こと**。すぐ買うことができて便利ですし、素材や重さなど現物を手にとって確かめることができるからです。収納用品は片づけをサポートしてくれるもの。良いつきあいをしていきましょう。

ラベルは基本、日本語で

収納ケースにラベルを貼るときは、日本語にしましょう。

ラベリングの目的は中身をわかりやすくするだけではなく、「何を入れているかを家族に説明できるようにする」ことです。

そのためには、だれでも見たときにぱっとわかる日本語がいちばん安心です。

ラベルがあると、家族にモノの収納場所を聞かれることが減ります。「あれどこ？」と何度も聞かれると、忙しいときなどはイライラしますし、いちいちすべて覚えているわけでもありません。

自分も含めて、家族全員が家じゅうのモノの住所を覚えるのは不可能です。

しかしラベルがあると、家族にモノのありかを聞かれても、自分が何となく覚えている場所さえ伝えれば、あとはラベルを見て探せるので、重ねて聞くことなくモノを見つけてくれます。

ちなみに、「ラベリングするか、しないか」の基準は我が家では「家族で共有するモノかどうか」。自分だけがわかっていればいい収納場所にはラベリングはしていません。

リビングの子どもスペースはどんどん変える

我が家はリビングの一角を息子専用のコーナーにしています。

赤ちゃんの頃から中学生になった現在まで、ずっと同じエリアです。ですが、子どものモノを入れる収納ケースや、もちろんその中身も年齢とともに変化しています。**子どもに必要なものはどんどん変わるので、きっちり決めてしまわず、その時々で便利なように考え直すのがポイントです。**

赤ちゃん時代は、オムツやお世話グッズをカゴに入れていました。そしておもちゃが増えてくる時期には、大きなカゴ3つとカラーボックスを用意し、絵本とおもちゃを息子が自分で戻せるようにしました。おもちゃはカラフルなので、リビングにあると散らかった印象になってしまうのが悩みどころです。別の部屋に置くことも考えましたが、日中過ごすリビングにあるほうが息子は遊びやすいし戻すのも簡単です。それに一時期のことなので、おしゃれではなくても、子どもが暮らしを楽しんでいるのが感じられる部屋であればいいと割り切るのもありだと思います。

小学校時代はカラーボックスを増やし、ランドセルや教科書もしまえるように。中学生になってからも、宿題をするのは専らダイニングテーブルなので、子ども部屋ではなく、リビングのカラーボックスに教科書も学生カバンも入れています。

子どもの作品は親がもらって管理者を明確にする

子どもの作品、残しておきたいけれど、量も多く、どうすればいいか迷いますよね。作品をつくった子どもが所有者なので、親が勝手に捨ててはいけません。子ども自身にいるいらないの判断をしてもらいましょう。ただ、子どもが判断に悩む場合もあります。そんなときは、「お気に入りはどれ？」「このケースに入る数にしようか」など決めやすい声かけをしてあげてください。また、子どもが「いらない」と判断しても親が「残したい」ということもあります。**そんなときは、「お母さんにちょうだい」と言うのはどうでしょう**。所有者を子どもから親へ交代させるのです。頭ごなしに「これは残しなさい」と子どもに強制すると子どもは判断したくなくなり、片づけが嫌いになります。残したいと思った自分が所有者になって管理すればいいことです。

我が家の作品の保管方法はいたってシンプル。入れているのはマチのある持ち手つきのハードケースです。ケースはふたつで、ひとつは立体的な工作、もうひとつは絵を収納しています。保育園時代につくった節分の鬼のお面やお雛様などの工作は、子どもが中学生になった今でも季節ごとに玄関に飾っています。毎年同じように飾ることで「この季節がきたな」と感じられますし、子どもと一緒に思い出を振り返ることもできるので、保管したままにせず暮らしの中で愉しんでいます。

写真は学年ごとに管理する

子どもの写真の収納方法のポイントは、年度ごとに区切ることです。現像して管理する人も、デジタルで管理する人も、基本的には同じです。

区切りをつくることで、のちのち見返しやすくなります。

区切るのは、2018、2019といった年ごとではなく、年少、年中、小学1年生といった学年（年度）ごとがいいでしょう。幼稚園や学校は行事が年度ごとなので、4〜3月の学年ごとのほうが思い出をふり返りやすくなります。まだ保育園や幼稚園に入っていない乳幼児期のアルバムは、何歳、何ヶ月という赤ちゃんの年齢で区切りましょう。

ちなみに、我が家は現像して管理しています。アルバムは無印良品の差し込み式のもの。ついついたくさん現像しがちなので、「小学校時代は二学年で一冊」とルールをつくり枚数を絞るようにしています。

区切りをつくったことで、現像のタイミングも決めやすくなりました。現像するのは1年ごとで、前年のデータを4月に入ってからプリントしています。

また、現像するときは「日付を入れてプリントする」もルールにしています。後で見返すときに日付があると思い出しやすくなります。

カバンの置き場を決めておく

夫のカバン置き場は帰って最初に行く洗面所につくっています。

家にカバンの置き場はありますか？　毎日のことなのに、使っているカバンの置き場は決まっていないという人は多いようです。自由に置くと部屋が雑然として見えるだけでなく、モノが散らかりやすくなるので、カバンの住所は決めましょう。

住所の決め方のポイントは「その人が家でカバンの中身を使うかどうか」です。

家の中でもカバンからモノを取り出すことが多いなら、カバンの中身を使う場所に住所をつくります。ソファで使うならソファの横に、パソコンスペースで使うならパソコンスペースの横に置き場をつくりましょう。

家の中でカバンを開けない人は、着替える場所にそのままカバン置き場をつくるとあちこち寄らなくて済み、帰宅後の動線がスムーズになります。

置き場が決まったら、収納方法を決めます。守るのは、「床に置かない」「置くのが簡単」の2点。これをクリアしていれば、どんな方法でもOKですが、**スツールの上に置く、大きめのカゴの中に入れる、壁に掛ける、が取り入れやすいでしょう。**

我が家では、私のカバンはテーブル横のワゴンに、子どもの学生カバンはリビングの子どもスペースに、夫のカバンは洗面所の一時置き用ハンガーラックに置いています。住所が決まっていれば、置き場はバラバラでも問題ありません。

本は本棚に置かなくていい

料理本はキッチンでよく使うので、キッチンの吊り戸棚に入れています。「読み終えて残しておきたい本」は本棚へ。本棚は寝室にあります。保管しておく本はボックスにまとめて納戸へ。

本も、多くなりがちで収納に困るアイテムです。ひとつの本棚に入りきらない場合、無理に一箇所にまとめる必要はありません。別の場所に収納してもＯＫです。

本は、「今読んでいる本」「読み終えて残しておきたい本」「保管したい本」に分けておきましょう。

まず「今読んでいる本」は、いつでも手に取れる場所に置くのがいちばん。ダイニングテーブル横のワゴンにファイルボックスを置き、その中に入れるのがおすすめです。持ち手つきのボックスなので、ソファにもテーブルにも、好きな場所に移動できます。

「読み終えて残したい本」は本棚へ。本棚は「エッセイ」「ビジネス書」「インテリア雑誌」などざっくりグルーピングして並べましょう。本棚がいっぱいになったら、読み返す頻度の低い本を手放します。ここで、「保管したい本」は別にして、収納スペースに入れましょう。私は２階の納戸に置いています。ここには「資料として保管しておきたい本」「頻繁には読まないけれど捨てたくない本」を置いています。ちなみに、料理本はキッチンの吊り戸棚の中です。本の収納は、「どこで読みたいのか」「残しておきたいか」を考えて、置き場所を決めましょう。

大物を変えたい場合

たとえば、クローゼットを引き出し収納から掛ける収納に全体的に変える、といった大きな収納の変更をするとします。そんなとき、どんなふうに進めていけばいいでしょうか？　**まずは「この日にやる」と日程を確保しましょう**。「やろう！」と決意しても、時間もエネルギーもかかる大物の収納は先送りにしがちです。日にちが決まれば準備もしやすく、もし人手が必要なら、家族や友人に「この日に手伝ってね」と声をかけることもできます。

そして、とりかかる前に必ずして欲しいことがあります。**それは「レイアウト図」を描くこと**。収納スペースと収納用品のサイズをミリ単位できちんと測り、紙に描いてみましょう。レイアウト図がなく想像だけで進めてしまうと、スペースに収まらない収納用品を買ってしまったり、モノが収納しきれないといったことがおきます。上手に描けなくてもいいので、サイズが明確なレイアウト図を準備しましょう。

もうひとつ大切なことがあります。それは、**「今日中に絶対終わらせる」と思わないことです**。思いのほか時間がかかる場合が必ずあります。「次はこの日に、続きはここから」と次回の日にちとスタートポイントを決めて作業を切り上げましょう。じつはこの「続きを決めること」が片づけをコツコツ続ける力になります。

すべて立てる

Chapter #03 Clothes

服は基本的に

トップスは季節ごとに分ける

〈１段目〉 〈２段目〉 〈１段目〉 〈２段目〉

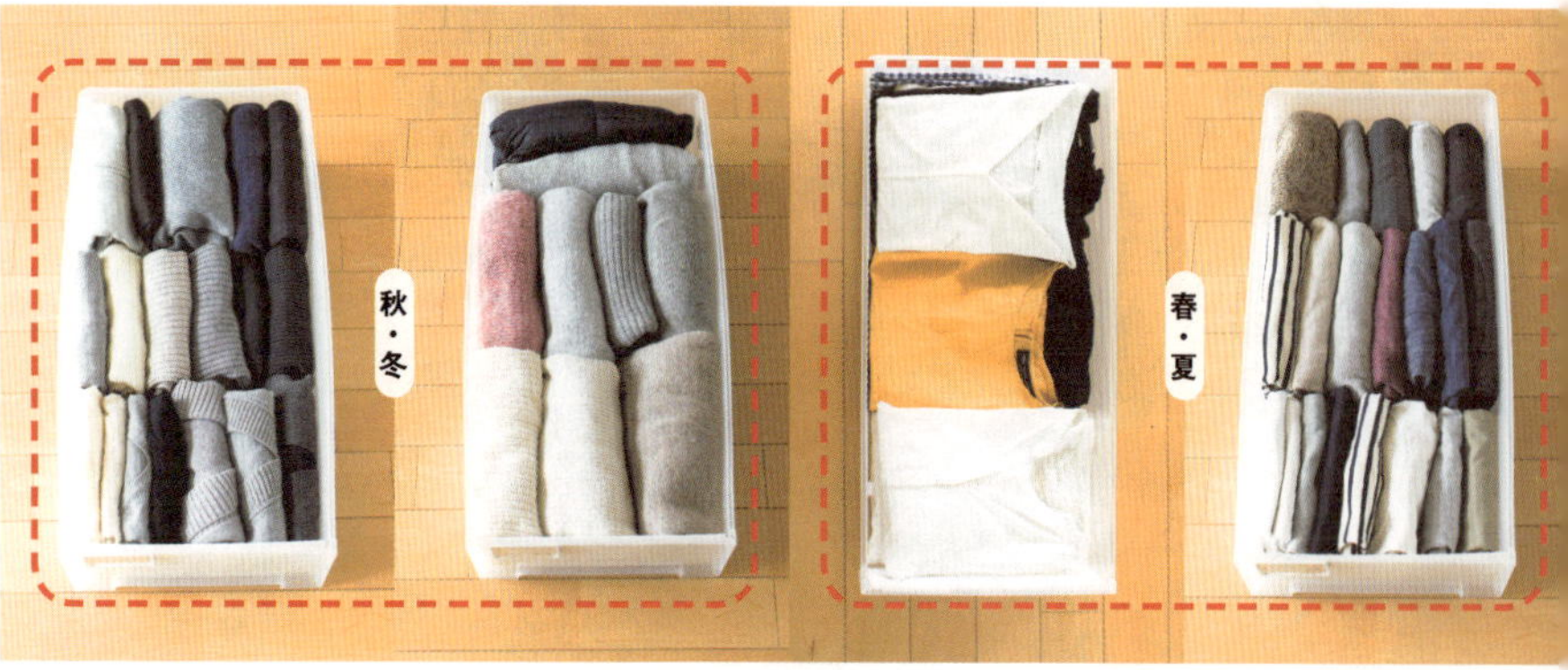

薄手のセーター

厚みのあるセーター

シワになりやすいもの

立てて入れられるもの

片づけでいちばんの悩みは服、という人も多いのではないでしょうか。服のポイントは、「春夏・秋冬のふたつに分ける」です。

たとえば「カーディガングループ」としてオールシーズンのカーディガンをまとめて収納していたとします。そうすると、どれを着ようか選ぶときに、季節外れの服までも目に入ってしまいます。着られない服が入っている10枚から1枚を選ぶよりも、今の季節にすべて着られる5枚から1枚を選ぶほうがラクですよね。まずは季節で分けましょう。我が家は、トップスは衣装ケース（Fits）に収納しています。春夏トップスのケースは2段あり、1段目がシャツとブラウスの「シワになりやすい」グループ、2段目がTシャツ、綿のシャツなど「立てて入れられる」グループです。

秋冬トップスのケースも同じく2段で、1段目に薄手のセーターを、2段目に厚みのあるセーターをそれぞれ立てて入れています。ただ、カーディガン、シャツなど羽織りものはオンシーズンになると掛けて収納し、いつでもさっと着られる状態にしています。

ちなみに夫の洋服は種類が少ないので「Tシャツ」「セーター」「ボトムス」などカテゴリー別で収納しています。種類が少ないので季節がわかりやすく、十分選べます。

立てて収納できるものはすべて立てる

シワになりやすいものは掛けましょう。

衣装ケースに収納する服は、基本立てて入れましょう。そうすると引き出しを開けたときに何があるか一目瞭然で、服が探しやすくなります。また、重ねて入れてしまうと下の服が取りづらくなり、引き出しの中が乱れやすくなります。

トップスの素材が薄いTシャツやヒートテックなどは、いわゆる「ブティック折り」をして、さらに半分に折ると立てられます。セーターなど厚手のものは、「ブティック折り」をしたあとに丸めて立てると折りジワがつきにくいです。ボトムスは縦半分に折り、さらに1回たためば深い引き出しに立てられます。

また、ボトムスの収納も、基本は、季節ごとにふたつに分けましょう。ただ、私はパンツの数が少ないので、衣装ケースひとつに通年分をすべて入れています。シワになりやすいスカートは「春夏」「秋冬」のグループに分け、掛けて収納します。そして、オンシーズンのものを選びやすくするため、オフシーズンのスカートはフルカバーの収納カバーに入れます。もしクローゼットに掛けられるところが少なければ、スカートも丸めて衣装ケースに入れるとシワになりにくいですよ。余談ですが、洋服についてくる予備のボタンや当て布は基本、保管していません。とっておきたいボタンがあるときは、洋服のタグに縫いつけ、失くさないようにしています。

ブティック折りの方法

きれいに広げる。

袖を折る。

反対側も同じように
折って重ねる。

ふたつに折る。

きちんと伸ばす。

さらに半分に折る。

ボトムスは折っていくだけ

きれいに伸ばす。

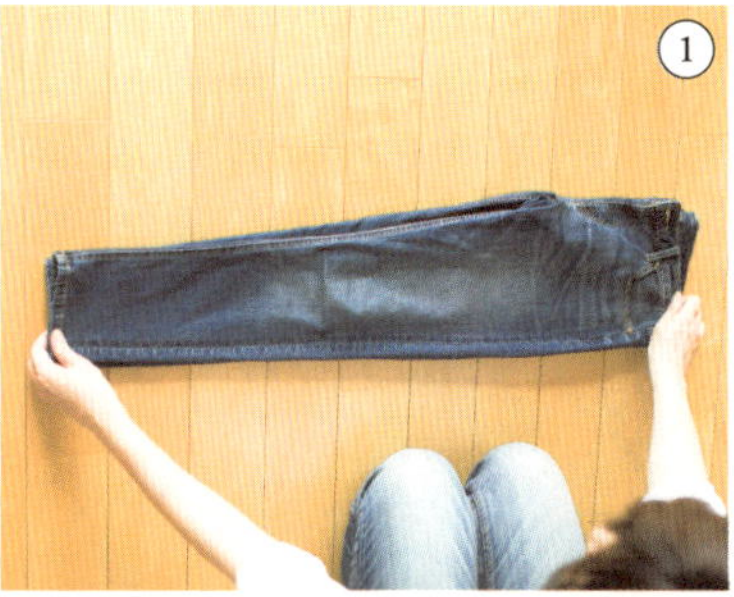

ふたつに折る。

もう1回折る。

完成!

下着は仕切るとごちゃごちゃにならない

〈靴下〉

〈ストッキング〉

ふたつに折っていくだけ。

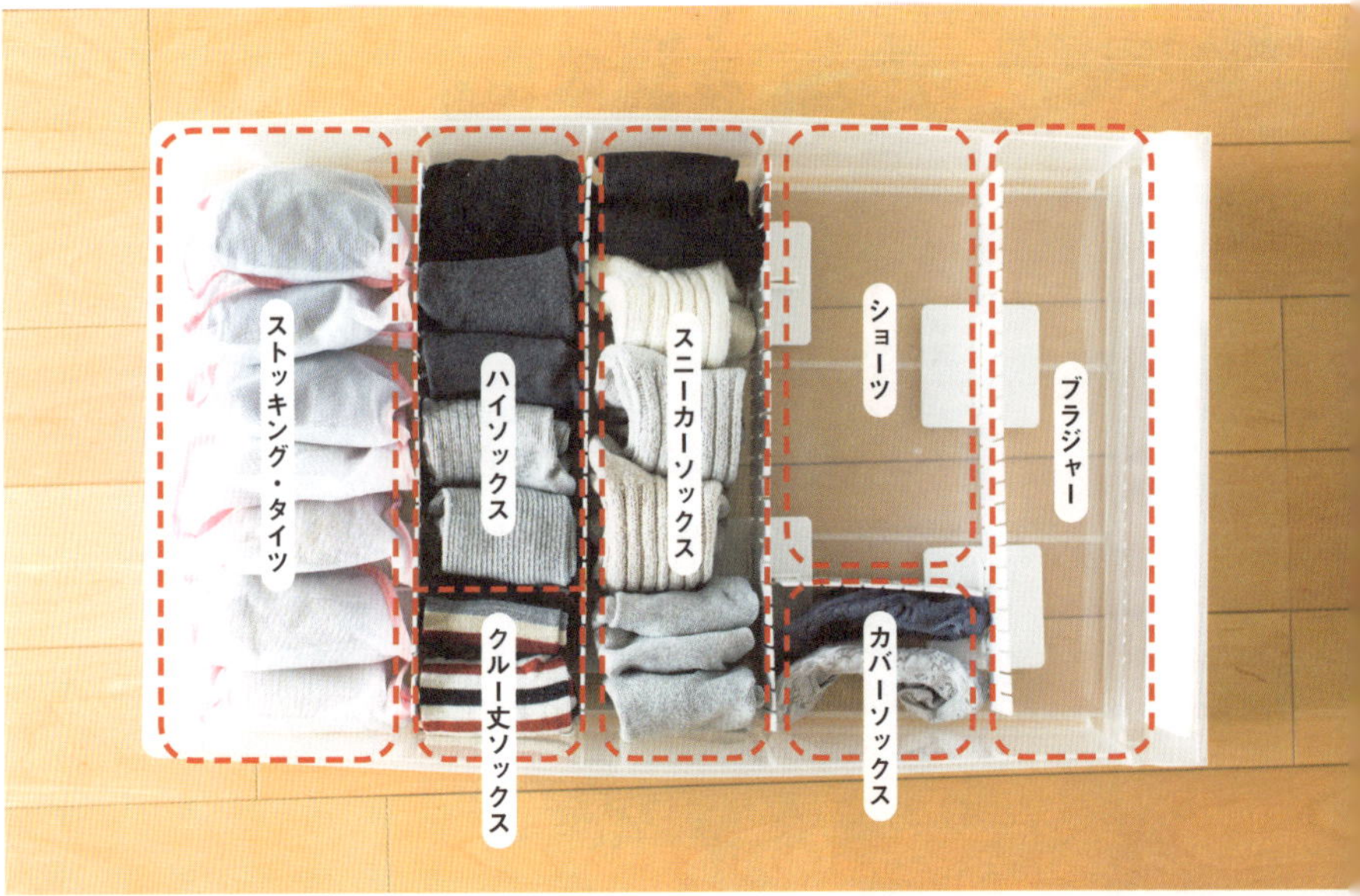

ブラやショーツ、靴下やストッキングなど、下着の取り出しにくさを感じたならそれは収納を見直したほうがいいサインです。**すっと取り出せるようにするために、仕切り板やケースを使って、アイテムごとにエリアを区切りましょう。**収納する引き出しは、浅いものがいいです。小さなものを深い引き出しに入れると、上から積みかさなってグチャグチャになりやすいので、注意しましょう。仕切りがあるだけでエリアが決まり、もし乱れても、各エリア内で収まるのでリセットしやすくなります。

仕切っているのは6つのエリア。奥の列から、「ストッキング・タイツ」、「クルー丈ソックス」、「ハイソックス」、「スニーカーソックス」、「カバーソックス」「ショーツ」「ブラジャー」となっています。

靴下は丈別に分けると取り出しやすいです。靴下は履き口の部分をくるっと丸めることはせず、折りたたんで入れています。一時、丸めて収納していましたが、引き出しの中で靴下の塊がゴチャゴチャと入り交じり、探すのに一苦労でした。丸くすると引き出しの中で動くので、単純に折るだけの方がおすすめです。ショーツも折り目に入れ込んだりせず、3回たたむだけ。ブラジャーもカップがつぶれないよう、そのまま重ねて入れています。エリアさえ決まっていれば、たたみ方は単純でいいのです。

セーターは一晩風を通す

「一度着てまだ洗濯しない服はどこに置けばよいですか？」

これもよく聞かれる質問です。手洗いが必要なセーターやクリーニングに出すような服は、一度着たあとどうすればいいのか迷いますよね。

結論から言うと、1日風通ししたあと、そのまま戻しています。

私は、服を脱いだら、クローゼットの壁に取りつけてある無印良品の3列フックに掛け、ファブリックウォーターを吹きかけて一晩風通ししています。そして2日以上風通しをしたら、元の引き出しに戻しています。しばらく掛けたままになっていてそのまま着ることもあります。

掛けるスペースがなければ、カゴに一時置き場をつくってもOKです。ただ、見えにくくなるので週末に必ず戻すなど、入れっぱなしにならないためのルールをつくると良いですね。

できるだけ掛ける場所をつくったほうが、汗や熱を飛ばせます。そして、2、3回着たら洗濯します。季節の終わりには引き出しの中をまとめて洗濯します。

洗面所のちょい置き場は便利

カバンやコートなど、帰ってすぐ置いたり脱いだりするものは、散らかる原因になります。それも、自分だけでなく家族がみんなそれをしてしまうと、散らかるのはあっという間です。その対策として、洗面所に「ちょい置き場」をつくることをおすすめします。

家に帰宅して必ず寄るのが洗面所です。ここでコートを脱いだり、カバンを置けば、リビングのソファやダイニングの椅子に置く……ということがなく、リビングが散らかりません。

ですので、洗面所（またはその近く）の一角にハンガーラックを置き、コートやズボン、通勤カバンを置くスペースをつくると便利です。子どもにも制服や部活のジャージなどをラックに掛けてもらいましょう。**ちなみに、我が家では、制服は毎日のことなので、この場所を住所にしています**。

ただ、私自身は2階まで服を脱ぎに行くのは無理なくできるので、ちょい置き場は使っていません。夫と息子にとってはいちいち2階へ行くのはハードルが高いので、一時置き場を使っています。必要な場合だけで大丈夫です。

洋服の処分に迷ったら保留箱へ

服を処分する絶好のタイミングは衣替えです。しまうモノと出すモノ両方を見て捨てましょう。しまうモノは「着たかな?」、出すモノは「着るかな?」と考えて判断しましょう。しかし、それでも必ず迷う服は出てきます。ここで時間をかけてしまうとストレスになり、片づけが嫌になってしまいます。**ですので、迷うモノはあれこれ考えずにあっさりと「保留」にしましょう。**

保留の服を入れる保留ボックスをつくり、普段使いの服と違った場所にしまいましょう。我が家では無印良品の布ケースへ入れて、クローゼットの天袋に置いています。「保留」が増えすぎると収納スペースを圧迫するので、ケースは1個だけ。そして、保留は2年までです。2年以内に思い出したりして取り出して着たら元の収納に戻し、着なかったならそのまま手放します。しばらくワードローブから遠ざけることで、客観的に判断しやすくなります。

また、服を選びやすくするために骨格診断やカラー診断をプロにしてもらうのもおすすめです。「こういう理由でこのスタイルが似合わなかったんだ」など、理論的に納得できるからです。

アクセサリー置き場は外す場所につくる

アクセサリーは「外す場所」に一時置き場があると便利です。疲れて帰ってきてすぐ細かいアクセサリーを片づけるのは面倒なもの。すぐに外せて、失くさない一時置き場があると気持ちも軽くなります。

私は帰ってきたらまず洗面所へ行き手を洗うので、洗面台の向かいの棚に一時置き場のトレイを置いています。次の項で詳しく説明しますが、アクセサリーの収納ケース本体も同じ棚にあります。朝身じたくをするときに、アクセサリーを着けるのが洗面台でメイクしたあとだからです。

帰宅してキッチンに直行する方は、キッチンにトレイを用意して、さっと置けるようにするといいでしょう。「すぐ玄関で外してしまいたい！」という方は、玄関に置き場をつくるのがおすすめ。これは、普段使うアクセサリーが決まっている人に、特に便利なのですが、一時置き場から収納ケースに戻すのが面倒な人は、身じたくするときにそのまま着けるのもありです。その場合、よく使う一軍だけトレイにおいて、2軍は別の場所に収納するといいですね。

アクセサリー収納は2種類

無印良品の「重なるアクリルケース2段フタ付引出」に収納しています。

ピアス、リングはなくなりやすいので小さく仕切っています。

ネックレスは、100円ショップで購入したクリアケースに入れています。

ネックレスを入れたケースは、ファイルボックスに入れて立てて収納しています。

アクセサリーの収納は、大きくふたつに分けています。ピアス、指輪、バングル、ブローチなどのこまごましたものの収納と、ネックレスの収納とのふたつです。

ピアスや指輪などのこまごましたものは、種類ごとにまとめると、探しやすく収納できます。私は、無印良品の「重なるアクリルケース2段フタ付引出」を使って収納しています。ピアス、リングは小さくて行方不明になりやすいので、無印良品のベロア素材の仕切りを入れ、ひとつひとつがわかれるようにしています。下の3段は広く使いたいので仕切りはしていませんが、アクセサリーに傷がつかないように100円ショップで購入したフェルト生地を下に敷いています。

もうひとつのネックレスの収納は、また別のケースを用意しています。ネックレスは、大ぶりのものなどがあるので、100円ショップのハードケースにコルクを敷き、押しピンを刺してひとつずつかけています。色と素材ごとに3つのケースに収納し、ファイルボックスに入れています。このやり方にしてからネックレス同士がからまず、コーディネートもしやすくなりました。理想のケースがなければ自分でつくってしまうのもおすすめです。私は、このように自作したケースを使っていますが、もちろん市販のケースでストレスがないなら、それでOKです。

布団は手間でも収納カバーに入れる

愛用の「インプレス＆オーガナイズ」の寝具ケース。使いやすさはもちろん、無地でとてもシンプルなのが気に入っています。

その季節に使わない寝具類や来客用の布団、どう収納していますか？　大きな布団は場所を取るうえ、柔らかく自立しにくいので、とてもしまいにくいものです。一枚取ると他の布団が崩れてグチャグチャになったり、積み重ねが難しくて無理やり押し込んでいるということはありませんか？

長い間、私もそんな布団収納に悩みました。それを一気に解決してくれたのは、「布団は寝具ケースに入れる」という方法です。いちいちケースに入れるのは面倒と思うかもしれませんが、寝具ケースに入れると**「コンパクトになる」「自立しやすくなる」「持ち手のある寝具ケースを選べば、取り出しやすい」とメリットがあります。**

ケースに入れるだけで積み重ねが簡単になり、取り出すのもスムーズです。もちろん、布団だけでなく、タオルケット、毛布などをそれぞれグループに分けて寝具ケースに入れると、どれくらいの量を持っているかの把握もしやすくなります。

また、**見た目をすっきりさせるために、無地の寝具ケースをおすすめします。**花柄のものなどをよく見ますが、せっかくきちんと収納できても、色とりどりの柄があるとごちゃごちゃした印象を与えてすっきりしません。

バッグインバッグでおしゃれの幅が広がる

バッグの中で細かいモノが行方不明になったり、外出先で忘れ物に気づいたりすることはありませんか？　そんなときに便利なのがバッグインバッグです。いつも持ち歩くアイテムを、小さなバッグやポーチなどに入れておきましょう。これを外出するときにバッグに入れます。これだけで、いちいちその日何を持って行くか考えなくてすみます。私が中に入れているのは財布、手帳、名刺入れ、鍵、カード類、ハンカチ、ティッシュ、メジャー、筆記用具、ハンドクリームなどです。持っていると心強いものはすべて入れています。

バッグインバッグを選ぶ際のおすすめポイントは「自立する」ことです。自立すると取り出しやすく、また、くたっとした柔らかな大きなカバンでも使いやすくなります。もうひとつは、「長財布がぎりぎり入るくらいのサイズ」であること。バッグインバッグが大きすぎると、そこに入れているモノが埋もれてしまいます。それでは本末転倒なので、小物が埋もれないサイズ感のものを選びましょう。

また、バッグインバッグを使うと、中身を出すのが簡単になって、気軽にバッグを変えられるようになったり、カバンを選ぶときに「外ポケットがないからやめとこう」などと思うことなく、デザインだけで選ぶことができるようになります。

Column 04

制服化できるところはすると迷わない

洋服を着るとき、あれこれ悩んで時間をとられたくないですよね。

そこで、特に洋服選びに時間をかけたくない生活シーンを「制服化」させてみませんか？

私は講演会やセミナーでの「仕事着」は、シャツにチノパン、そして前掛けを着ています。以前はスーツを着ていたのですが、片づけは特別なことではない日常のことなので、私の後ろにそっと暮らしが見えるようにとこのスタイルにしました。「仕事はこの服」と決めたことで、支度が早くできるようになっただけでなく、トレードマークにもなっています。もうひとつは「息子のサッカー応援」。朝食やお弁当づくりと、応援の日の朝はバタバタです。そんな中で「何着て行こうか？」と考えるのはもったいない時間でした。戸外なので、冬は「防寒」、夏は「日焼け防止」を重視し、冬はベンチコート、ボアパーカ、裏起毛のレギンス＋スカート、ボアブーツ。夏は長袖パーカに黒のパンツ、白のコンバースと決めてしまいました。

このふたつの生活シーンを制服化したことにより、朝迷う時間が劇的に減りました。あなたが洋服選びに時間をかけたくないのは、どんな場面ですか？　自分らしい「制服」を決めて、迷う時間から解放されましょう。

Chapter #04 Washroom

洗面所にはいろいろ置ける

洗面所には家族それぞれのスペースをつくる

収納ケースは、オープン棚のような見える場所では、見た目がいいカゴ、引き出し内は使いやすいプラスチックがおすすめです。

洗面所のポイントは、「使う人全員のスペースをそれぞれつくること」です。**細かいモノが多く、人により使うモノが違うので、「持ち主別」に収納すると家族全員がわかりやすくなります**。

住所になるのは洗面台下の収納スペースです。ここは家によって引き出しタイプだったり、観音開きだったりと違うはず。引き出しタイプの場合はカゴを置いて横の空間を区切るのがおすすめ。観音開きで高さがあるタイプならば、ラックなどで高さを区切りましょう。もし洗面台に収納がなければ付近にボックスを置くといいでしょう。また、我が家では、洗面台横にオープン棚があるので、上2段が私、下1段を夫というふうに区切っています。私のモノが多いので、2段もらっています。私は香水と基礎化粧品を、夫はひげそり道具一式をそれぞれカゴに入れて置いています。

我が家の洗面台下は引き出しタイプなので、プラスチックのカゴで仕切り、それぞれのスペースにしています。ここには、毎朝は使わないものを入れています。私専用のカゴには旅行用のアメニティやくしなどを、夫専用のカゴには綿棒、めがね拭き、クリームなどが入っています。息子はまだ使うモノがほとんどないのでスペースを設けていませんが、ゆくゆくは息子専用のカゴもつくる予定です。

洗面所に
下着を置く

下着とパジャマは洗面所にあると断然ラクです。

入浴前に「クローゼットに下着とパジャマを取りに行く」というアクションがないだけで、毎日のことがとてもスムーズになります。

我が家は洗面所に衣装ケースを置き、夫と息子とそれぞれひとり一段ずつ、下着とパジャマを収納しています。通年分を同じケースに入れているので、管理もラクで衣替えもしないですみます。

衣装ケースの引き出しには、パジャマは一覧できるように立てて並べ、下着とパジャマは、混ざらないように100円ショップで購入した仕切りを入れています。128ページで紹介した100円ショップの仕切りと同じです。

私自身はクローゼットに下着とパジャマを取りに行くのは苦ではありませんので、洗面所には置いてはいません。ただ、夫や子どもにとってはそのひと手間の準備がとても面倒くさいようです。家族全員のものを同じ場所に置く必要はありません。それぞれ家族のメンバーに合わせて、ストレスなく続けられる方法を選びましょう。

ストックや洗剤はカゴに入れる

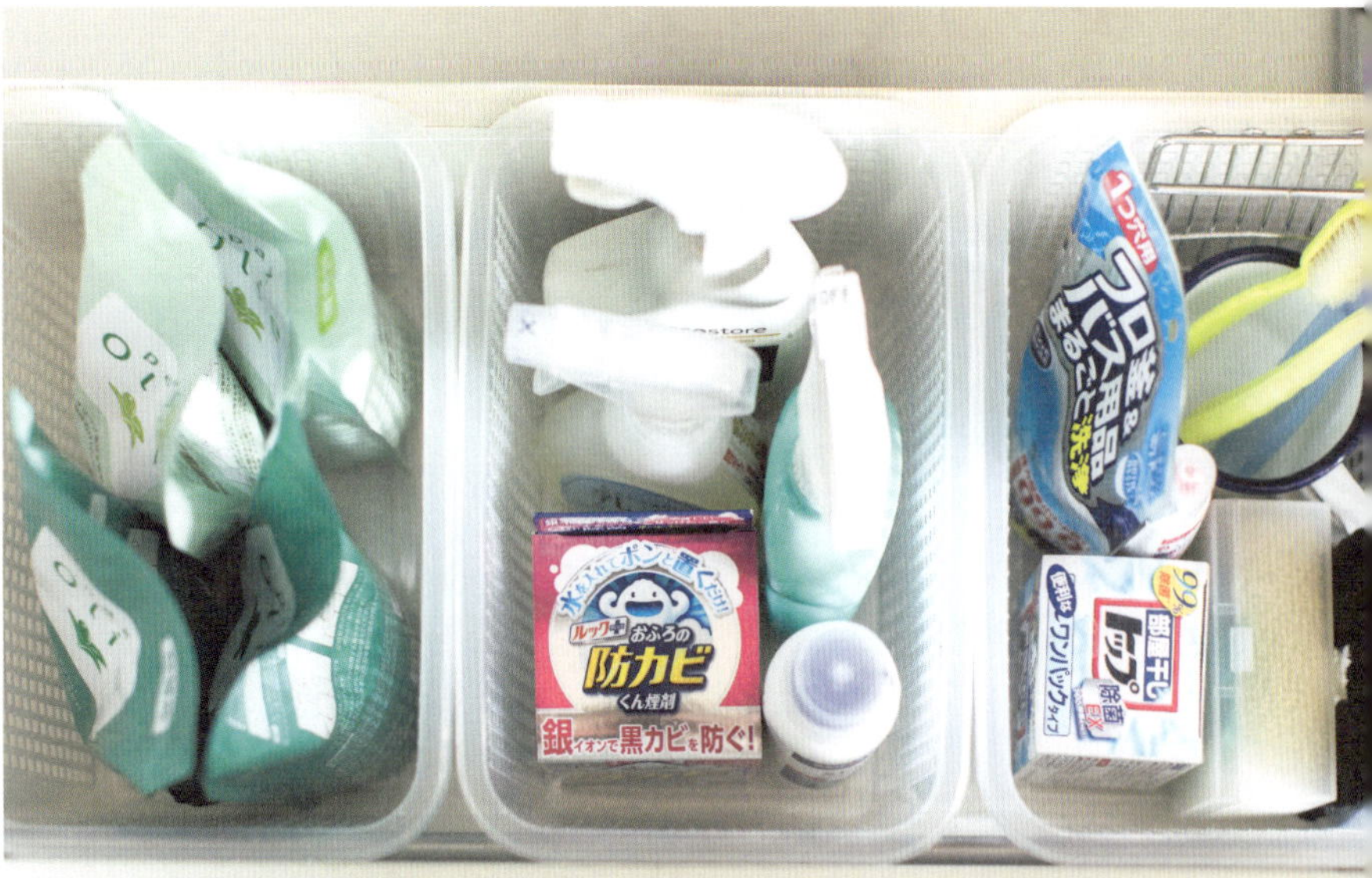

歯ブラシ、歯磨き粉、洗剤などの洗面所で使うストック類は、今使っている場所のそばにそれぞれ置くのではなく、ストックだけをまとめてカゴに入れましょう。そうすることで、今何があって何がないのか一目瞭然になるからです。こうすると、ストックの買い忘れや多く買ってしまうことの両方を予防することができます。

148ページで説明したように、洗面台のモノは、持ち主がいるモノは別々の収納にしたいですが、それ以外のモノは用途別のグループでカゴに分けましょう。先ほどの「ストックグループ」のほか、洗濯洗剤や用具が入った「洗濯グループ」や、お風呂や洗面所掃除に使う「掃除グループ」など。洗面所付近で使っているものをグループ分けして置いておくと便利です。

グループごとに仕切ることで、洗面台収納がごちゃごちゃすることなく、使いやすくなります。

収納に使うカゴは、できるだけ同じ種類でそろえるとすっきり見えます。これは、洗面所に限らず、そのエリア内は同じものを使うようにすると覚えておきましょう。

タオルは立てて入れる

タオルは重ねるよりも立てて入れましょう。そのほうが取り出しやすいですし、洗濯したてのものを奥に入れて手前から使っていけば、循環させることができ、すべてをまんべんなく使うことができます。

我が家のバスタオルとフェイスタオルは、すべて同じメーカー・色でそろえて、3〜4年ごとにまとめて白以外の色のものに買い替えています（ニトリのもの）。**同じモノでそろえると見た目が整って気持ちがよく、また、買った時期が同じなので買い替えのタイミングが決めやすくなります**。バラバラの種類のモノが混在していると、好みが出て使う頻度に違いが出てくるもの。傷み具合がバラバラだと「これはヨレている、これはまだいける」という見極めが必要ですが、すべて同じ種類なら好みの偏りもなく使え、同じタイミングで手放すことができます。タオルの数は、家族3人で、バスタオル6枚、フェイスタオル8枚と決めています。家族の人数や、洗濯の頻度などで枚数を決めればいいでしょう。一度まとめて買いに行くのもありだと思います。全部変えるのは面倒と思うかもしれませんが、一度全部を買い替えると、その後の管理はとてもラクです。

「白いタオルは使わない」のもマイルールです。半年ほどでどうしても汚れが目立ちます。毎日使うものだからこそ、手入れや管理に悩まないようにしたいものです。

ストックは最後のひとつになったら買いに行く

ストックで気をつけることは、「買ったものを、きちんと使えるかどうか」です。ずっとあるストックは、ストックではなく、収納場所をふさぐ不要な品です。自分が管理できる分だけストックしましょう。

ストックを買い足すタイミングは「今使っているものが最後のひとつになったとき」です。たとえば箱ティッシュを買い足すのは、最後の1箱を使い始めたときということです。

日用品は数が多いので、管理するのが大変ですが、ルールは簡単なほど続きます。**「絶対に買わないといけない状況」という強制力も働き、買い忘れることもないです。**

買うのは、近所のスーパーやドラッグストアでひとつ（ひとパック）だけです。近所にすぐ買いに行けるのか、行けないのかもストックの個数決めの参考にしましょう。セールで安くなっていてもまとめて買うことはありません。ストックをたくさん保管すると場所が圧迫されて使いにくくなるからです。ただし、私の場合シャンプーやボディソープなどは、愛用品をネット通販で購入しているため、一度にふたつ以上買っています。宅配受け取りの頻度を低くしたいのと、個数があると送料が無料になるからです。例外を決めても、もちろんかまいません。

月初めに歯ブラシやスポンジを替える

毎月1日に、歯ブラシとキッチンスポンジ、洗面所のスポンジを交換すると決めるとラクです。歯ブラシやスポンジは毎日使うモノなので、傷み具合に気づかなかったり、傷んでいてもついつい使い続けてしまうことが多いもの。こういった替えどきが難しいモノは、「この日に替える」と決めてしまうのがおすすめです。

1ヶ月程度で歯ブラシは毛先が広がり始め、スポンジは泡立ちが悪くなってくるので、月に1度交換と決めています。

ルーティン化することで、日常的に使う歯ブラシとスポンジがいつでもキレイというのは気持ちがいいものです。

同じように、下着も1年に1度お正月にすべて買い替えるルールを決めています。下着も捨てるタイミングが難しく、替えどきが難しいモノです。交換するタイミングを決めてしまえば、ヨレヨレの下着が増えていくことはありません。お正月にはセールもあるので、安く買えるというのもポイント。お正月でなくても、たとえば夏のセールに毎年買い替えるなど何かをきっかけにルールを決めても良いでしょう。

ちなみに下着の数は上が4枚、下が6枚と決めています。これくらいが1年で使い切るにはちょうど良い数のようです。

日用品は定番を持つ

キッチンスポンジ
Ziploc
Ziploc

sonett
Laundry
Liquid Color
pax
Olie
pax
Olie
GUM

日用品は「定番」を決めると、思いのほかストレスが減ります。モノには選ぶ楽しみもありますが、「選ぶ」ことは「迷う」ことでもあります。トイレットペーパーや洗剤など、日々使う消耗品にいちいち悩む時間はむだです。

定番を決めると、買い物が簡単になります。さらに、不要なおすそわけで「洗剤いらない？」と聞かれたとしても、「うちは決まっているから」と断ることができるので、使わないモノが家に溜まるということがなくなります。**日用品に限らず、よく使うモノに定番をつくると余分なモノが家に入ってこなくなるので、家のモノが全体的に減ります**。

ただ、日用品の定番を決めるまでにはそれなりに試行錯誤するかもしれません。基準は、自分の使いやすさ、成分、価格など使い続けていけるかどうかです。ぜひ考えてみてください。自分の中にある優先順位や価値観に気づくことができますよ。

我が家は夫の肌が弱いので、触れるモノはなるべく肌に負担がかからない成分のものを探しました。いろいろと試してみた今は、洗濯洗剤、食器洗い洗剤は「ソネット」のもの、シャンプー、ボディソープは「パックス」のものを使用しています。妥協せずにきちんと定番品を探すことは、家族の健康と向き合うことにもつながります。

メイク道具は移動できるようにする

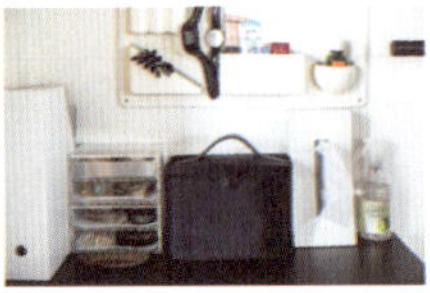

メイクメボックスは洗面所の向かい側が定位置です。

メイク用品は、メイクボックスに入れて洗面台の向かいの棚の上に置いています。なぜそうしているかというと、メイクボックスなら持ち運びが簡単だからです。

日ごろ私は、洗面台で立ったままメイクしますが、落ち着いてメイクしたいときはダイニングテーブルへ移動することもあります。**メイクボックスだと自由に場所を変えられるし、持ち手もついているので、運ぶのもスムーズです。**

「メイク用品はどこに置いていますか？」もよく聞かれる質問です。ドレッサーを持たない人が多いので、どこに置くか迷うようです。

ただ、人によってメイクをしたい場所は違います。リビングでゆっくりメイクしたいなら、リビングにコスメを入れたかごを置いたり、クローゼットの姿見の前でしたい方ならそこに場所をつくりましょう。いつもメイクする場所の近くに置き場をつくるのがいちばんです。「どこにメイク用品を置くか」の前に、「どこでメイクをしたいか」を考えてみましょう。私のように場所を変えたい人は、持ち運びを重視した収納ケースをおすすめします。

コスメが好きでどうしても量が多いなら、1軍と2軍に分け、1軍だけを毎日使う場所に置くようにしましょう。

られる

Chapter #05 Entrance

楽しく出かけ玄関になる

靴は一足は
出していい

玄関に靴が一足も出ていないようにすると、見た目がとてもきれいです。でも、脱いだ靴をすぐ靴箱に入れるのは湿気や匂いが気になりますし、また、日によって靴を替えることが少ない人もいるのに（我が家では、夫や息子です）、毎回靴箱にしまうのは非効率で面倒です。**風水や片づけ本などでは玄関に靴が出ていないほうが良いとされることが多いですが、大切なのは家族の暮らしやすさです。**

だから、玄関は、「ひとり一足はたたきに靴を置いたままでもOK」というルールにしてみませんか？　一足だけは出ていてもOKという緩やかなルールにすると、家族も無理なく続けることができます。

ただ、靴がたたきにあるのとないのとでは、見た目のすっきりした印象や、掃除のやりやすさがやはり違ってきます。そこで、**家族の分をそれぞれ一足ずつ、台に置いて浮かせるのがおすすめです。**靴を置く台（我が家ではニトリのディッシュラックです）をたたきに置きましょう。これで、靴を持ち上げなくても掃き掃除もできます。

これは何にでも言えますが、床にはモノを直置きするよりも、台に置いたり壁に掛けることで軽やかに見せる効果があります。床に置く前に、浮かすことを考えると片づけ上手です。

靴も衣替えする

ブーツは袋に入れ、ボックスに収納します。

オフシーズンの靴は収納棚にしまいます。

玄関のたたきに出していい一足以外は靴箱にすべてしまいましょう。そこで、靴箱に入りきらないなら、靴を「衣替え」することをおすすめします。

私はオフシーズンの靴は透明のシューズケース（ネットで購入）に入れ、玄関の収納棚にしまっています。また、シューズケースに入らないブーツは新聞を詰めて、100円ショップの不織布に入れて同じ場所に収納しています。

靴を衣替えする時期は毎年5月の「GW付近」と9〜10月の「十五夜」。ちょうどその頃が服の衣替えと重なるので、季節の行事に合わせてルーティン化するといいでしょう。**靴を衣替えすると、入れ替えのときに靴を見直すこともできます**。

私が靴を手放す基準は、以下の3点です。

- **足が痛い靴**……どんなにすてきなデザインでも、履いて痛い靴は履きません。
- **脱いだ姿が残念な、くたびれている靴**……人様のお宅で脱ぐのが恥ずかしい靴。
- **2年間履かなかった靴**……履かなくなったのには理由があります。それを明確にすると、次の買い物の参考になります。

たとえ気に入っていた靴でも年齢とともに足のサイズが変わったり、似合わなくなることが往々にしてあります。自分の違和感を放置しないようにしましょう。

靴箱はシーン別に分けて並べる

靴箱の靴は「生活シーン別」に分けて収納すると、毎朝選ぶのが簡単になります。**分け方は、自分の行動に合わせて分けること。おすすめは、「かっちり系」「おでかけ系」「カジュアル系」です。**

こうしておくと、その日の予定によってどの段から靴を選べばよいのかが明確で、選ぶ範囲を狭めることができます。仕事や学校行事などの日は1段目、友達と遊ぶオフの日は2段目、スーパーに買い物なら3段目だけを見ればいいのです。もちろん、グループ分けは自分の生活に合わせて違った分け方にしてもかまいません。

シーン別に分けておくことで靴の過不足も自覚することができます。「もう会社に行かないのに、かっちり系のパンプスが多いな」「子どもと公園によくでかけるのにスニーカーが一足だけだな」などと気づけば、生活シーンに合った靴の数がわかってきます。

靴が整理されると、新しくどんな靴を買えばいいかが分かりやすくなり、むだな買い物も減って靴の稼働率もアップします。なにより靴箱に自分のお気に入りの靴だけが並ぶようになります。持っている靴がすべて気に入っているという状態は、驚くほど自信をもたらしてくれますよ。

傘は数を決めておく

傘は、いつの間にか溜まってしまいがちなアイテムです。

傘の基本は、自分に何本必要なのか把握することです。基本的に1本で足りるものですが、会社などに持って行き、そのまま置いてくる可能性のある方は2本あるといいでしょう。もちろん、傘が好きでコーディネートを楽しみたい方は、その必要な本数を把握しましょう。今まで傘を使ってきた場面を思い出せば簡単です。

ちなみに我が家は「夫：1本」「私：1本」「息子：2本」「家族共有の予備：1本」、これに「折り畳み傘：2本」「日傘：1本」「スポーツ応援用日傘：2本」の10本です。

我が家は、玄関横の土間収納に傘立てを置いて傘を収納しています。いろいろな傘立てのタイプがありますが、引っ掛けて横一列に並べるタイプがおすすめです。「取り出しやすい」「戻しやすい」「すっきり見える」メリットがあります。傘立てでなくても、靴箱の中や玄関の壁などに掛けるスペースをつくってもいいでしょう。**必要な数が決まったら、不要な傘は手放します**。よく、ビニール傘をなんとなく捨てられない……という方がいますが、いつまでも片づきません。実際の作業としては、不要な傘を縛って出すだけ。必要な本数をしっかり意識することが傘の片づけの基本です。

玄関にトレイは便利

トレイを味方につけましょう。モノをぽんと置けるトレイは、収納の中でいちばんラクで取り入れやすい道具です。家の雰囲気に合わせて好きなデザインのものを選ぶのもいいし、無地でシンプルなデザインのものを選んで、部屋に馴染ませるのもいいでしょう。さまざまな場所で役立ちますが、特に便利なのが玄関の靴箱の上です。

靴箱の上は、家や自転車の鍵、リップクリーム、アクセサリーといった、持って出たモノを家に帰ってすぐ置きたくなる場所です。しかし小さいモノは、バラバラに置くと散らかった印象になる上、行方不明になりやすいです。そこで、玄関にトレイを置き、その中に置くようにするのです。小さなモノが散らばっているとごちゃごちゃして見えますが、トレイに集約されることでひとつの塊となり、断然すっきり見えます。また、モノの住所が定まるので行方不明も防げます。掃除をするときもトレイを持ち上げればいいだけなので簡単です。**トレイのルールは、乗せ過ぎるのがNGなこと。**取り出しにくくなるので、余裕をもって使いましょう。

ちなみに、我が家では認印をトレイに置いています。小さなものひとつにもトレイは便利です。トレイがあることで、靴箱上での置き場が定まり、モノの存在が明確になります。モノが多くても少なくてもトレイは活躍します。

紙袋は5枚ずつ

紙袋は大・中・小5枚ずつだけとっておきましょう。それ以上は捨てて大丈夫です。

何となくダラダラと残してしまいがちなモノは、自分で必要な数を決めてしまうのがいちばんです。

紙袋に特別な用途がない一般の家庭なら、「大・中・小5枚ずつ」あればさまざまなシーンに十分対応できると思います。

また、紙袋を収納する場所は、「何に使うか」「どこで使うか」で決めましょう。

サイズごとにそれぞれ入れ子にして、まとめて入れます。

私は、モノを外へ持ち運ぶときに使うことが多いので、玄関の収納棚の中に置いています。

ただ、小さいサイズのものだけは、食品のおすそわけで使うことが圧倒的に多いので、これだけ別にして布の袋に入れ、キッチンのスチールラックに引っ掛けています。

ちなみに、数が5枚以上になってしまったとき、どんな紙袋を残すかですが、無地で主張が少ないものがおすすめです。高級ブランドの紙袋は残しておきたくなりがちですが、いざ必要なときに「もったいない」という気持ちが働いたり、色やロゴが目立って使いにくく感じたりします。気兼ねなく使うには無地がいちばんです。

趣味のモノは カゴに 入るだけ

趣味のモノのいちばんの悩みは「増えてしまうこと」です。ここでも基本のルールの通り「1軍」「2軍」に分け、それでも収まらなければ「3軍」もつくりましょう。ただ、モノによっては「ひとつのカゴに収まるだけ」（つまり2軍はつくらない）と決めることが効果的なときがあります。「限度設定」をするのです。

持たないことが目的となって、精神的な豊かさまで手放してしまうのはもったいないこと。ですが、「手に負える量にする」ということは大事です。買ったらダメ、ということではなく、「このエリアに入るだけ」と限度を決める。**そうすることでモノが厳選され、お気に入りのモノがもっと好きになれます**。

私の場合、好きで増えてしまうものは、食器の他に、キャンドル、花器、季節の飾り物です。これらは、それぞれのカゴ（26センチ×39センチ×25センチ）に入るだけ、と決めています。好きなモノこそ、心置きなく楽しめるルールづくりが必要です。

「これ買ってもいいかな？」と迷うのは置き場所がないから。それが原因で、買い逃すほうがもったいないです。**趣味のグループが複数あって同じ収納場所にしまう場合は、同じサイズ、同じカゴにしまうとすっきり見えて、収納にむだが出ません**。

新聞は読み終えたらすぐ移動

毎朝、ダイニングテーブルで読む新聞。読み終えたら収納場所へ移動させる習慣を、ぜひつけましょう。

何気なくダイニングテーブルの上にぽいっと置いたままにすると、テーブル上にモノが溜まるきっかけをつくることになります。

新聞は朝読む方が多いですね。一日の中でそんなに繰り返し読むことはないので、家族で最後に読み終えた人が移動させる習慣をつけましょう。単純すぎることですが、こんな些細な習慣がテーブルをすっきり保つことにつながります。

たまに「あの記事をもう一度読みたい」と思うことがあっても、収納場所まで取りに行けばいいだけなので、そんなに苦にはなりません。

ちなみに、新聞の収納場所は玄関の近くがいいでしょう。玄関の近くにあるだけで、回収に出しやすくなります。そのまますぐ出せるように、新聞専用の袋に入れるのもいいでしょう。「町内の資源回収日」や「月の一日目に新聞店に回収してもらう」など出すタイミングを決めておくと出し忘れることもありません。

同じように不要になった雑誌も新聞の横に置き場をつくっておけば、資源回収やりサイクルに出しやすくなります。

Column 05

使わないモノが増えないようにするにはどうすればいいか

「モノがたくさんあって、どうやって減らせばいいかわからない」というのも、よく聞かれる質問です。

「たくさん」の中には、さまざまなモノが含まれています。ここで注目して欲しいのは「使おうと思って買ったけど、結局使っていないモノ」。ここを減らしたいものです。じつは使っていないモノには、自分の苦手を補おうとして買ったものが多いです。**だから、ここで苦手なことについては「ミニマリストになる」をしてみましょう。**

たとえば、私は昔から裁縫が苦手でした。子どもの小学校入学時にミシンを買おうかどうかと迷いましたが、結局ミシンは買わないことに決めました。「私はミシンは頻繁には使わないだろう」と思ったからです。

苦手なことほど「これがあればできるかも」とモノで補おうとしてしまいがちです。たとえば「掃除が苦手だから」と便利そうな掃除用具や洗剤をたくさん買ってしまったり、「ファッションが苦手だから」と必要以上に服を買ってしまったり。でも結局、好きでなければどうせ使い続けません。苦手なことについてはモノを増やさず、できるだけシンプルにすると割り切ると、自分もラクだし、モノも増えません！　おすすめです。

Chapter #06 Bath & Toilet

掃除しやすいお風呂とトイレにする

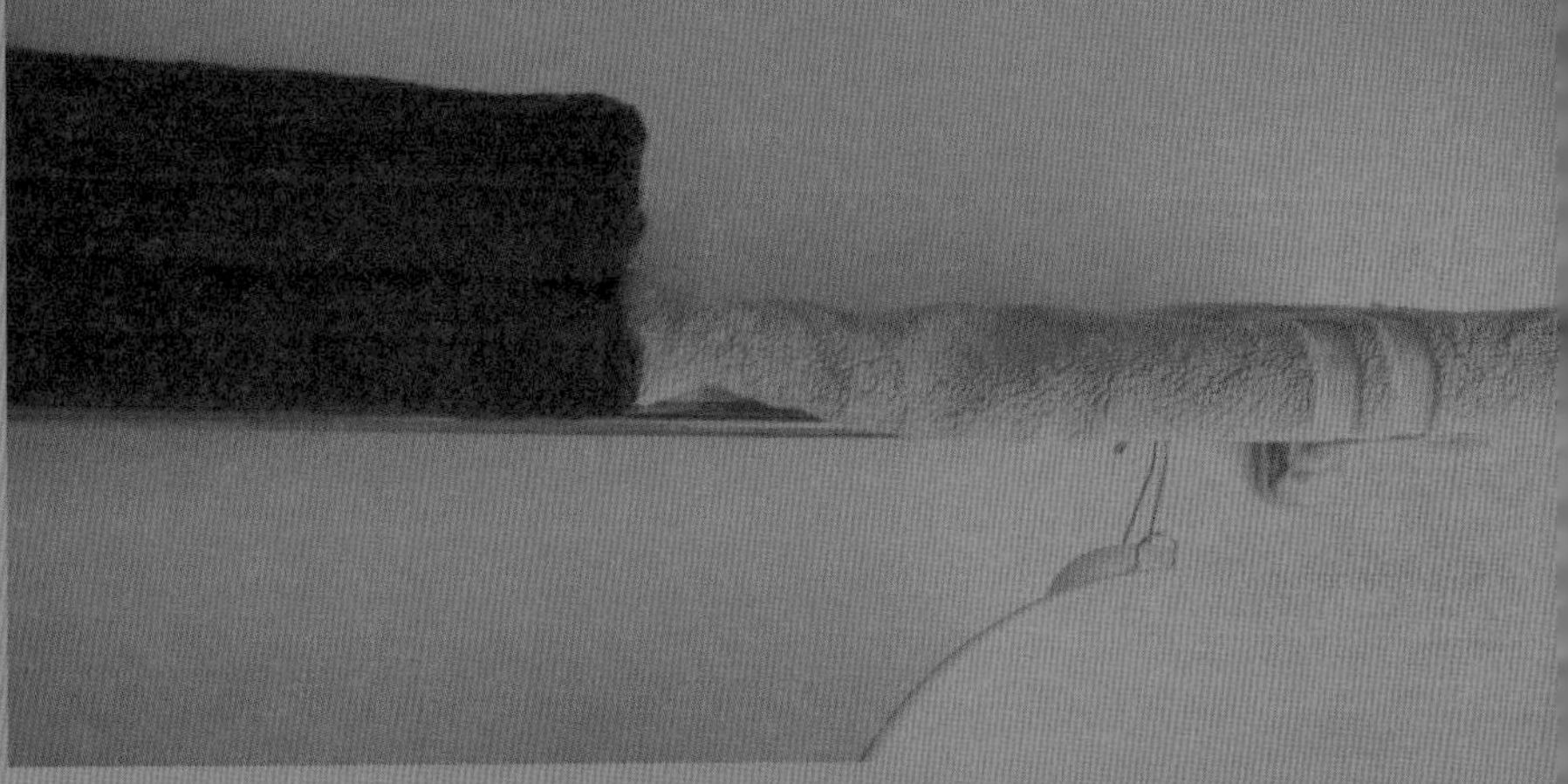

お風呂のアイテムはできるだけ掛ける

お風呂のモノはとにかく「掛ける」に尽きます。
濡れた床にモノを接地させないことでカビ防止になり、掃除もしやすくなります。
我が家のお風呂は、磁石でつく浴室専用のマグネットバー（東和産業の「バスフック5連」）を取りつけています。もし磁石がつかないお風呂なら、吸盤タイプを使ってください。

フックに掛けているのは、洗面器と掃除用具です。写真は左からスクイージー、細かい場所用のブラシ（ともにオーエ）、床ブラシ（マーナ）、洗剤（ソネット）、浴槽スポンジ（オーエ）です。ボディソープ、シャンプーやリンスはつくりつけの棚にそのまま置いていますが、それ以外のものはできるだけフックに掛けましょう。石鹸を使う人は、壁にとりつける石鹸置きなどもあります。

バスチェアも使わないときは浴槽のふちに引っ掛けましょう。掛けてしっかり乾燥させれば、掃除のしやすさにもつながります。

ちなみに掃除方法は、私が入浴後に浴槽のお湯を落とし、簡単に床をブラシでこすり、使用済みのバスタオルで浴室内の水滴を拭きあげています。

シャンプーとリンスは詰め替えない

食器洗剤は、自分の楽しみのため、お気に入りのボトルに詰め替えています。

シャンプーやリンスなどは、詰め替えたほうがいいでしょうか。
おしゃれな容器に詰め替えることはよく推奨されますが、我が家ではシャンプーとリンスを別の容器に移し替えることはせずそのまま使っています。なぜかというと、私も家族も、もともとの製品のボトルの色や文字で見分けており、視力の悪い家族もいるので、同じ色、文字が英語、といった容器では、見えにくい浴室内で探すのが大変だからです。

容器を詰め替えるかどうかは、「詰め替えることでどんなメリットがあるか」「困ることはないか」を考えて決めましょう。我が家で詰め替えをしているモノは、キッチンの食器用洗剤です。食洗機を使わず手洗いをする私は、好きな洗剤、好きな容器にしたいのです。ということで、お気に入りの「ソネット」の洗剤を、お気に入りの「マーチソンヒューム」の洗剤の容器に移し替え、さらに好きなデザインの耐水シールを貼っています。

なんとも手間のかかる詰め替えですが、家族が困ることもなく、使うたびに自分がご機嫌になれるメリットがあります。このように、自分の気持ちも大切にしながら決めてください。

トイレの掃除用具はラクなもの

トイレ掃除、すばやく済ませたいですよね。そんなトイレ掃除のストレスを減らすべく私がたどりついたのは、ラクな道具選びと「最初のひと手間」です。

まず、トイレブラシは、ブラシ部分を使ったあとそのまま流せるもの（「スクラビングバブルシャット 流せるトイレブラシ」）にしています。替えのブラシは、ひとつひとつをバラバラにして、ポリプロピレンのケースに入れています。使うときに取り出しやすくなるので、こうやって保管しています。また、このブラシは洗剤が染み込んでいて匂いがあるため、ケースはフタつきのモノにしています。便器や床を拭くのはトイレ用の掃除シート（「トイレクイックル」）です。こちらも流せるタイプ。袋のままだと取り出しにくく、乾燥もはやいので、あらかじめケースに移して収納しています。**ちなみに、トイレマットや便座カバーは掃除や洗濯が面倒になるので使っていません**。

掃除用具は、すぐ使えるように、トイレの中に置きましょう。収納や棚がない人は、床につかないように突っ張り棒や吸盤などを使って、できるだけ引っ掛けます。また、掃除をするタイミングですが、朝いちばんにトイレに入ったタイミングがおすすめ。ついでにするほうが掃除へのハードルがぐっと下がります。

[著者]
橋本裕子（Yuko Hashimoto）
「暮らしのはこ」主宰。片づけコンダクター/ライフオーガナイザー®。
片づけが苦手だった共働き、専業主婦の時代を経て、ライフオーガナイザー®の資格を取得。「パーソナル片づけレッスン」「時間講座」「利き脳講座」などの自宅講座を開く。「アパートから一軒家まで、どんな場所でも自力で片づけを続ける力がつく」ことを目指す片づけ方法が大人気。
企業主催のセミナー講師、PTA講演会講師を務め、地方誌のコラムなども執筆する。
エキサイトブログ公式プラチナブロガー。『100%Real Kitchen』（KADOKAWA）や『わが家のお金を、整える』（主婦と生活社）などにも取り上げられる。本書が初の一冊。

ホームページ　URL:https://naoyan2005.exblog.jp/

片づける力をつける

2019年2月13日　第1刷発行

著　者——橋本裕子
発行所——ダイヤモンド社
〒150-8409　東京都渋谷区神宮前6-12-17
http://www.diamond.co.jp/
電話／03･5778･7234（編集）　03･5778･7240（販売）
写真——仲尾知泰（Ripcard）
構成——杉本透子
アートディレクション——加藤京子（sidekick）
デザイン——我妻美幸（sidekick）
校正——加藤義廣（小柳商店）
DTP——キャップス
製作進行——ダイヤモンド・グラフィック社
印刷——加藤文明社
製本——ブックアート
編集担当——中野亜海

ISBN 978-4-478-10504-7